4·3과 여성3,
덜 서러워야 눈물이 난다

4·3생활사총서3
덜 서러워야 눈물이 난다

구술·채록 허영선 양성자 허호준 조정희
총괄실무 한지희

엮은이 제주4·3연구소(소장 허영선)
펴낸이 강정희
펴낸곳 도서출판 각 Ltd.
초판 인쇄 2021년 12월 16일
초판 발행 2021년 12월 22일

도서출판 각 Ltd.
주소 (63168) 제주특별자치도 제주시 관덕로6길 17 2층
전화 064·725·4410
팩스 064·759·4410
등록번호 제651-2016-000013호

ISBN 979-11-88339-85-3 03910

값 15,000원

* 이 책 내용의 전부 또는 일부를 재사용하려면 반드시 지은이와 출판사 양측의 동의를 받아야 합니다.
* 잘못 만들어진 책은 구입하신 곳에서 교환해드립니다.

4·3생활사총서 3

4·3과 여성 3,
덜 서러워야 눈물이 난다

제주4·3연구소 편
글·허영선 양성자 허호준 조정희

목차

책을 펴내며 · 007

김평순 · "살암시민 살아진다" 말해주는 사람도 없더라 · 013
손민규 · 사돈집 조팟 검질메멍 눈물만 드륵 · 055
김용렬 · 덜 서러워야 눈물이 난다 · 097
오청자 · 열네 살부터 오빠랑 제사 명절 했어 · 135
허순자 · 열일곱에 울멍 산 밭이야 · 175
고정자 · 질이 어시난 흔 질로 걷고 · 215

책을 펴내며

두루 서러워야 눈물이 난다

허영선(제주4·3연구소장)

슬픔이 하도 넘치면 눈물이 막히는 법.
"두루(덜) 서러워야 눈물이 나지" 그렇게 말한다.
4·3의 지옥을 건너온 사람들은.
이 한마디처럼 진지한 언어가 어디 있을까.

이제 《4·3 생활사 총서》시리즈 3권을 내보낸다. 울 겨를이 있어야 울 수 있었다던 그 나날들이 있었다. 이 책은 그 시절과 이후에 관한 사람들의 이야기다. 구술자들은 90대와 80대로 모두 4·3의 원체험자들이다. 그들은 당시 어린 소녀였거나 미혼이었다. 1947년부터 1954년에 이르기까지 국가폭력에 의해 수많은 희생을 가져왔던 4·3. 그 시간 속에서 그들은 가족들의 죽음을 목격하거나 수습해야 했다. 그럼에도, 그들의 운명을 결정지은 것은 바로 그들이다. 그들은 바다에서, 땅에서 삶의 주체자가 되어 분투하였다. 돌담 하나하나 등짐으로 나르며 황량한 벌판에 집을 지었고, 가족을 만들었고, 꽃나무를 꽂았고, 생존의 울타리를 스스로 엮었다.

물론 4·3을 기억하는 방식은 개인의 경험만큼 다양하다. 하지만 직접 현장을 살았던 여성들의 눈은 아무런 수사 없이 그 사건을 바라본다는 데 공통점이 있다. 그들의 4·3경험, 그리고 생활사는 현재 우리에게 어떤 의미인가? 그들은 그날 이후 어떻게 삶을 꾸리고, 어떻게 기억을 다스리며 살고 있을까?

이 책은 그동안 자신의 삶에서 스스로 소리내지 못했던 여성들의 이야기다. 이들의 눈을 통해 우리는 그들의 어머니와 어머니의 어머니 세대의 삶까지 들여다 볼 수 있었다. 마지막 고통스런 눈빛을 잊지 못하는 딸, 혈육으로 남겨진 손녀들인 그들은 그 고통 속에서 서로가 서로에게 힘을 보태며 삶을 살았다.

그러므로 이들의 기억을 기억하기 바란다.

우리는 이들이 한땀 한땀 기워가는 기억과 경험이 미래의 기록으로 살아나기를 바란다. 나아가 4·3연구의 지평에 기여하는 한 장이 되기를 바란다. 찬찬히 귀를 기울이다 보면 그동안의 연구는 우리가 얼마나 여성들의 경험을 제한적으로 됐는지 알 것이다.

이 책을 기획하고, 채록하고, 집필하는 동안 우리는 그들의 목소리를 온전히 담아내는데 주력하고자 했다. 매번 느끼는 마음이지만 많이 미흡하고 아쉬운 점은 언어다. 제주어의 생생한 촉감을 살려주고 싶은 마음으로 조금씩 괄호 넣기를 했음을 밝힌다.

무엇보다, 이 책에서 입을 열고 있는 이들의 아래 경험은 오로지 여성들이기에 가능했던 이야기들 아닌가.

서귀포시 안덕면 창천리 출생인 김평순(1937년생)은 4·3 당시 한 집안에 살던 큰오빠 가족을 포함해 열세 명의 대식구 가운데 열두 살 자신과 아홉 살 남동생 둘만 살아남은 경우다. 어느 날 경찰이 향사 마당으로 모이라고 한 뒤 지팡이 짚고 가던 아버지를 도피자 가족으로 몰아 총살, 비극의 삶이 시작됐다. 열두 살 김평순도 향사에서 아버지의 죽음을 목격한다. 경찰은 도피자 가족들을 따로 한 집에 수용했다가 어머니와 셋오빠, 언니를 안덕지서로 끌고 가다가 어머니와 셋오빠를 총살했다. 딸만이라도 살려줘야 동생들을 돌본다는 어머니의 마지막 애원으로 언니만 풀어준 것이다. 김평순은 도피자 가족으로 몰려 남동생과 길을 나서 헤매던 피신 생활 등 삶의 역정을 잊을 수 없다. "살민 얼마나 사느니. 마음 곱게 먹엉 살아야 한다."라고 말한다.

　조천면 신흥리 출생의 손민규(1934년생). 그의 집안은 4·3시기 초등학교 임시 강사로 잠깐 나갔던 작은오빠가 느닷없이 끌려가 행방불명이 되면서 완전히 풍비박산 됐다. 그로 인해 아버지와 어머니가 차례로 희생됐다. 죄 없는 사람도 다 잡아다 죽인다는 소문을 듣고 일본으로 떠난 큰오빠는 다행히 4·3의 위험에서 벗어났으나 공부를 잘 해 막내딸 손민규를 대학까지 시켜주겠다던 아버지의 죽음은 그에게 평생 맺힌 한이 되었다. 친정에 얹혀 살던 올케의 친정집, 그러니까 사돈집 조팟 검질(조밭 김)을 매러가거나 선흘곶에 나무하러 가는 생활 등 우여곡절의 과정을 거쳤다. 하지만 현재의 당당한 삶을 일궈내기까지 한번도 자아를 포기한 적 없다. 2021년 오빠는 군법회의 무죄판결을 받았다.

　김용렬(1942년생)은 일곱 살에 저 악명 높은 하귀리 비학동산 임산부 학살사건을 직접 목격했다. 당시 이들 가족은 도피자 가족으로 몰려 포승줄에 묶여 희생될 위기에 처했으나 살아난 경우다. 동생이 오줌이 마렵다고 해 어머니가 몰래 포승줄을 풀고 자녀들과 오줌을 누인 뒤 다른 자리에 앉아 살아난 것이다. 아버지는 땔감 동원령으로 외도지서에 간 뒤 1949년 12월 군법회의에서 무기징역형 선고를 받고 목포 형무소에 수감됐다가 행방불명. 막냇동생은 굶주려 죽었고, 새벽 2시에 어머니는 밭일하러 나가는 생활이 이어졌다. 늦은 나이인 13살에 학교에 입학, 16살에 친구가 있는 부산 메리야스공장에 가 일하며 공부했고 23살에 결혼, 가정을 가꿨다. 어머니는 언제나 "두루 서러워야 눈물이 난다"고 했다.

오청자(1942년생)는 일본 동성구에서 2남 2녀 중 첫딸로 태어나 1944년 아버지만 일본에 남고, 가족과 함께 고향 오라리로 귀향했다. 일본에서 학교를 다니다 돌아온 고교생 큰오빠가 어느 날 4·3에 연루돼 끌려가 희생된다. 열 살 이후부터 열세 살까지 목격한 가족의 죽음만 일곱분이다. 일본에서 귀향 후 친할머니, 이듬해 증조할머니가 세상을 떴고, 여동생과 친할아버지도 희생됐다. 외가도 4·3으로 쑥대밭이 되자 어머니는 그 고통을 감당하다 1953년 세상을 떴다. 오청자 역시 평생 트라우마에 시달린다. 일본에서 독립운동을 했던 아버지는 4·3으로 온 가족이 몰살당한 줄 알고 고향 땅을 밟지 못한 채 일본에서 별세. 2008년 국가보훈처로부터 독립유공자로 인정돼 건국포장을 받았다.

송당 출생인 허순자(1944년생)는 태어나자마자 어머니를 잃고 아버지 손에서 자랐다. 곧이어 닥친 4·3광풍 속에서 농삿일하던 아버지가 끌려갔고 이후 목포 형무소로 이송돼 행방불명. 사망 소식을 들어야 했다. 굴에 피신했던 마을사람들이 한꺼번에 학살됐고, 할아버지는 후유 장애를 입었으며 피난길에 9살 작은아버지도 학살됐다. 9명의 자식을 출산했으나 할머니는 단 한 명의 자식도 살리지 못해 유일한 혈육인 손녀 허순자와 기대며 삶을 살았다. 열 살도 채 되지 않았던 허순자는 생활 전선에 뛰어든다, 빨래 삶아주기, 장작 하러 가기, 돌 등짐 져 바다 메우기, 국수 뽑기 등 노동으로 열일곱 살에 천 평의 땅을 샀고, 나무를 해다가 직접 그들의 집을 짓고 살았다. 그러나 결코 희망을 포기한 적 없다.

고정자(1932년생)의 아버지는 4·3시기 대정고을(보성, 인성, 안성) 인민위원장을 지냈던 이로 4·3시기 행방불명됐다. 할아버지와 언니는 동헌터 도피자 가족 학살사건으로 희생된다. 그는 4·3 이후 소녀 가장이 되어 홧병으로 쓰러진 할머니와 나이 어린 두 동생을 키웠다. 여성의 몸으로 한청과 방위대 훈련을 직접 나갔던 경험을 갖고 있다. 특출한 기억력으로 당시 상황을 비교적 소상하게 기억하고 있다는 점이 흥미롭다. 그의 남편은 보성초등학교 1회 졸업생으로 대정중학교 3학년 때 학도병 군입대, 호남지구 공비토벌에 나서기도 했다. 도피자 가족으로 낙인 찍혔기에 "질(길)이 엇이니까 한 질(길)로 걷고, 물이 엇이니까 한 물을 먹엉 살았주"라고 말한다.

감사를 전한다. 끝없는 마음을 담아서. 이 혼란의 시기, 이렇듯 상상 이상의 가혹한 절망 속에서도 단단한 정신력으로 견뎌냈던 4·3의 어머니들에게. 그리고 이들을 수차례 만나고 듣고, 하나의 다큐로 꿰매준 집필진들에게, 처음부터 이 기획에 박수를 쳐 준 도서출판 각에 감사드린다.

2021년 겨울을 보내며

"살암시민 살아진다" 말해주는 사람도 없더라

김평순

_1937년생, 안덕면 창천리 출신, 창천리 거주

열세 식구 대가족
시국 지나니 둘만 남아

　난 37년생, 4·3사건 날 때는 딱 12살이 돼. 아버지 이름은 김승택, 어머니는 고신출이라. 두 분 다 창천리가 고향이주. 나도 옛날 아버지한테 들은 말인데, 세 살 때 할아버지가 돌아가셨다고 해. 경허난(그래서) 독자로 할아버지(김평순의 증조부)하고 살다가 어머니 만나서 결혼해서 살았지. 아버지가 시국 만날 때 쉰 살이었고, 어머니는 마흔다섯 살이었어. 다섯 살 차이였거든. 아버지 옛 이름(본명)이 가물가물해서 제적등본을 떼어보니까 그렇게 돼 있었어. 나도 승 자 택 자로 알고 있었는데 동네에서 부르는 이름이 있었거든. 김영부라고 불렀어. 어머니가 자식을 열한 명을 낳았는데, 어머니 살아계실 때 여동생 하나가 엇어불언(돌아가셨어). 그래서 모두 합치면 아들 셋, 딸 일곱 해서 3남 7녀가 됐어.

　그 남은 식구들 가운데 큰언니(김칠석)는 시국 나기 전에 애월 금성에 결혼해서 아기 낳고 살았지. 그 언니는 4·3에 조금도 걸어지지 않았어. 올레 안 우

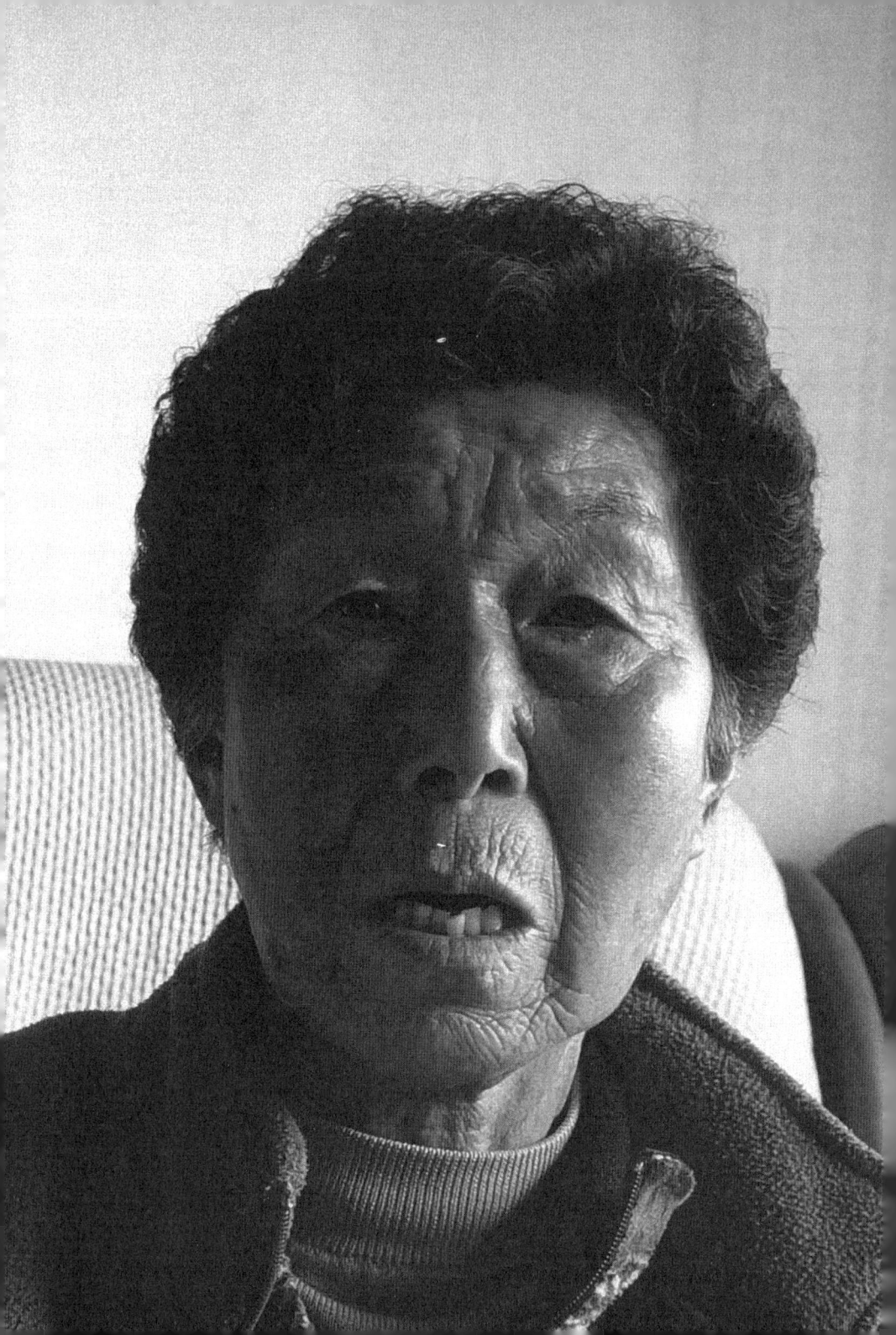

리 집에 사는 건 큰오빠. 큰오빠 이름이 김병민. 큰아주망은 강원중, 또 그 아래 네 살짜리, 두 살짜리 조카 둘이 있었어. 셋오빠(둘째 오빠)는 병용, 셋언니(둘째 언니)는 팔석이야. 그다음이 나 바로 위에 평선이 언니. 그다음엔 나. 나 바로 아래가 세 살 아래 대영이. 또 그 아래 여동생 평화 있고, 세 살짜리 여동생이 막내였어. 이 가운데 시국에 살아남은 사람은 시국 전에 시집간 큰언니 빼면 나하고 남동생뿐이야. 시국에 돌아가신 분이 큰오빠네 가족 합치면 열 한 명이 되는 거지.

농사만 지은 아버지 어머니,
일곱 살 나이에 동생들 돌봐

왜정시대에 아버지가 학교 다녔는지 안 다녔는지는 모르커라(모르겠어). 그때는 서당에 다녔을 거야. 내가 너무 어릴 때여서 잘 모르겠어. 오빠들은 서당에 다녔을 텐데, 난 학교 마당에도 못 가봤어. 왜정시대에도 여자들도 조금 사는 사람들은 학교 헷주게. 우린 식구들이 많아서 누군 학교 다니고, 누군 마느냐고 해서 학교 다니지 못한다고 해서 안 다녔어. 그렇게 해서 살다보니까 시국 만난 거지. 그래도 한글을 쓰지는 못해도 조금 읽기는 해. 우리 남동생은 시국 후에 내가 중학교까지 다 시켰주게. 야학은 4·3사건 일어난 후에 다녔지. 6·25 후에 야학했지, 그 전에는 야학이 없었어.

부모님은 창천리 살면서 농사지었주. 농사는 나룩(벼) 농사, 여기(창천리)는 웃드르(중산간)여서 논이 없고, 저 밑에 대평(대평리)이라는 데 가서 논농사 지어서 벌어먹고, 밭농사는 보리, 조, 모멀(메밀).

식구가 줄줄이 있으니까 어려도 동생들을 돌봐야 했주게. 어머니가 아기구덕(요람) 지고 밭에 가면, 아기 보러 다년(다녔어). 일곱, 여덟 살 될 때 아기 보라고 해서 업고 다니고 했어.

　어린 때는 친구들하고 한다는 게 공기놀이. 또 방칠락이라고 땅바닥에 선 그려놓고 돌멩이로 맞히는 놀이도 하고, 모래나 콩 담아서 만든 작은 보자기 있지 않아? 오재미(오자미)라고. 그 놀이할 정도지 특별하게 한 것은 없었어.

제사 명절 많은
3대 독자 종손 집

　우리가 삼칸집(삼간집) 해서 살았는데 집이 세 거리라(세 채야). 안거리(안채), 밖거리(바깥채)에 서녁거리(서쪽에 있는 집)라고 해서 살았어. 어린 때 듣기로는 서녁거리라고 했어. 큰오빠가 서녁거리에 살았지. 마리(마루)도 있고, 부엌도 있고, 구들(방)도 컸주게.

　우리는 방 두 개하고 마주 부엌 있는 안거리에 아홉 식구가 살았어. 밖거리에는 사람이 살지 않고 소도 질르고(기르고) 창고로 쓰면서 살았주게. 우리 아홉 식구하고 큰오빠네 네 식구 해서 올레 안에 열세 식구가 살았어.

　아이고~. 종가칩이라 일도 많고 말고~. 우리 아버지가 3대 독자 종손이야. 종갓칩(종가집)이라 식게 멩질(제사 명절) 먹을 일도 하(많아). 우리 어머니는 마흔다섯에 돌아갔지만, 지레(키)도 컸어. 종손 집에 시집 와서 종부 노릇하려니까 힘들었겠지만, 완전 걸걸한 성격이라.

　나도 두린(어린) 때여서 큰언니 결혼할 때는 몰랐는데, 오빠 결혼할 때는 조금 크난 알아져. 궨당(친척)들, 동네 사람들 와서 큰 ㄱ롓도고리(매향지)에서 콩으로 두부 만들고, 비지 짜서 갖고 가는 거 기억나주. 우리 어린 때 제사 먹으러 다니던 곳이 일곱 밧디(군데)였어. 왜정 때도 제사 먹으러 돌아다녔거든. 제사 끝나면 늙은 어른 나시(몫)는 밥에 국, 떡, 고기적갈 다 놓고 해서 갖고 갔지. 종가칩이난 그런 걸 안 하면 안 됐지. 우린 종가칩이라고 해서 멩질 때는 맨 마지막에 왔어. 사람도 많았주.

일제 강점기 공출 기억
아버지는 속상해 한숨만

　왜정 때는 어린 때여도 공출했던 거는 알아져. 공출할 때는, 아이고, 농사를 지으면 얼마 만큼씩 할당해서 내놓으라고 해. 농사지은 거 모두 공출하고, 할당량 채우지 못하면 우리가 먹을 양석(양식)까지 하나도 남기지 않고 다 털어가버려. 식구들이 먹을 게 없어도 할당량을 꼭 채워서 내놓으라고 닦달했어. 어디 몰래 곱져시카부덴(감추기라도 했는지) 눌(가리)까지 헤쳐서 눌 속까지 더듬고 했었주게. 면사무소하고 경찰에서 와서 말이야. 그 일본 순사들이 그랬어. 나중에는 우린 종가칩이니까 집에 있던 놋그릇 내중에는(나중에는) 몬(모두) 설러가불고(가져가버리고). 어린 때여도 그건 기억나. 그렇게 하면 아버지가 보통 속상할 정도가 아니야. 낙담과 분노가 이루 말할 수 없어. 그래도 우리 아버지나 우리 집안 식구들이 모두 어질어서 뭐라고 하지 않았주게. 그냥 속상해 하기밖엔 어떻게 하지 못했어. 우리 아버지가 그렇게 어질어서 다른 사람과 조금도 다투지 않고, 아기들도 하낫젠(많았다고) 해도 공짜로 먹으려고도 하지 않은 어른이라. 자식들도 마찬가지고.

창천리 주둔한 일본 군인들
아홉 살에 해방 맞아

　우리가 아홉 살 될 때 해방됐어. 그 전에는 일본 군인들이 창천리 와서 살았어. 일본 군인들 이 아랫 동네에 많이 와서 살았주게. 철 구루마(마차) 끌고 다니고, 큰 말들, 호마 타서 다니고 했어. 우리가 내창(냇가)에 물 길러 가면 어린 때지만 그 군인들이 보여. 일본말 아는 사름(사람)은 일본 군인들한테 가서 고구마를 갖고 가거나 메밀로 만든 상웨떡 같은 거 갖고 가서 팔아서 오기도 했주게. 군산에 지금도 일본 군인들이 판 굴이 있지만, 그때 굴 파면서 질(길)도 빼고 했어.

저 위에 상예동에 있는 오름 쪽에 큰 소낭(소나무)들이 있었는데 거기 가서 그 소낭들 베어다가 굴 파면서 속에 바치고 했었주게. 여기 창고내 내창 쪽에도 굴 파서 그걸로 바쳤어. 왜정 때도 군산에 소낭들이 있었주게. 거기 가면 소낭 아래 자기 밭들이 있어서 촐(꼴) 베러 다녔었거든. 그러다가 해방되니까 모두 나갔어.

향사에 들이닥친 경찰
"그게 창천리 4·3 시초"

4·3 나기 아시해(전해) 음력 섣달이라. 나보다 조금 위에 언니들이 "향사에 놀러가게, 놀러가게." 하는 거라. 청년들도 많고 뭐한다고 하면서 놀러가자고 하니까, 나는 "아이고, 우리가 뭐라고 그런 데 놀러 가느냐"고 했어. 그래도 "가서 보자"고 해서 따라 갔주게. 가서 보니까, 칠판에 선생님이 백묵으로 글을 쓰면서 아이들을 가르치고 있어. 그 선생은 감산리 김 선생이라고 했어. 사람들이 그렇게 많지는 않았는데 사람들이 수군수군했주게. 그때 경찰이 왈탁 담아졌어(들이닥쳤어). 그때는 아무 것도 몰랐지. 아이들 가르치던 그 선생님만 심어서(잡아서) 지서에 데려갔어. 경찰이 와서 지붕에 올라가서 감시하고 그렇게 했었주게.

아마도 경찰에서는 향사에 모여 무슨 일 하고 있다고 해서 그렇게 한 것 같

아. 경찰이 화다닥하게 들이닥치니 이리로 뛰는 사람, 저리로 뛰는 사람. 그때 학교 뒤에 영장(장례식)이 있어서 두건 쓴 친척들이 떡가루 빻고 있을 때였거든. 여자들은 맷돌 주변에 앉아서 떡가루 빻고 있었주게. 그리로 달려가서 그걸 뺏어서 같이 빻는 사람도 있었고, 남자들은 두건 쓴 궨당들 쪽으로 달려가서 궨당처럼 옆에 앉기도 했지. 아이들도 달아나가고, 나도 달아났어. 나는 그냥 집에 왔는데, 그게 (4·3) 시초인 모양이라. 나도 잘 모르지만, 전 해부터 신탁(신탁통치)이며, 남로당이며 하면서 사람들이 수군수군했어. 우리는 어떤 일이 벌어지는지 전혀 몰랐지. 내가 그때 열한 살 아니라? 어리고 할 때니까 뭘 알겠어? 그때 튀어난(달아난) 사람들 가운데는 일본으로 도망간 사람도 있어. 그때 일본은 자주 다닐 때니까 일본으로 튀어났지.

"아들 내놓으라" 닦달
향사로 불러낸 경찰

그러다가 뒷해(1948년) 가을 드니까 사람들 다 죽이고 집을 불붙여버린 거지. 큰오빠가 스물네 살이었어. 일찍 결혼해서 아기도 오누이 낳고 살았는데, 동네 청년들이 추구린(부추긴) 모양이라. 그때 우리 앞집 사람도 큰오빠네하고 같이 걸어져(관련돼) 나갔다가 같이 죽고. 그 사람들 때문에 집에 있지 않고 잠깐 피했는데, 우린 어디 간 줄도 몰랐지. 그때야 우리가 뭘 알 나이라게. 오빠가 산에 올라가지 않았으면, 도피자 가족이 안 됐으면 우리 식구들도 살았을 테지….

경찰은 와서 "아들 내놓으라"고 하면서 닦달하고, 아버지네는 "아들 어디 갔는지 모르겠다"고 했주. 그러다보니 부락에서 큰오빠처럼 피한 사람이 여러 명이니까 모두 조사해서 마을 향사 앞으로 모이라고 했어. 반에서 반장 통해 아이고 어른이고 다 모이라고 한다는 거라. 우리집에서 집 하나만 넘어서면 향사거든.

　몇 명인지는 모르지만 창천리 사람 모두 모이라고 해서 많이 갔어. 아버지가 집을 나서니까 나도 따라 갔어. 가보니까 향사 마당이 사람들로 가득찬 거라.

지팡이 짚고 간 아버지
"아들 어디로 보냈나" 현장에서 총살

　나는 어린 때여서 무슨 일인지도 모르고 그냥 따라 간 거지. 갈 때는 아버지하고 같이 안 갔어. 사람들 다 모이라고 하니까 어린 때고 해서 아이들하고 뭣도 모르고 같이 간 거주게. 아버지하고 따로 간 거지. 그때 아버지 나이가 쉰 살이었는데, 아파서 나무 지팡이 짚고 갔어. 가니까 지서장하고 순경하고 경찰이 여러 명 왔었어. 처음에는 앉으라고 해. 이제 앉으니까 모자에 붉은 띠 두른 경찰이 무뚱(마당)에 서서 아버지보고 나오라고 하는 거야.

　아버지 이름을 부르면서 나오라고 해. "아, 아버지 불럼구나." 했지. 이렇게 고개 들고 보니까 저리로 나오라고 하면서 한 곳으로 몰아가서 그렇게 죽인 거라. 아버지가 나가니까 경찰이 "아들 내놓으라" "아들 어디로 보냈느냐"고 해. 그때 아버지가 아픈 때였어. 아버지는 "나가 이렇게 아픈데 어떻게 아들 어디 갔는지 알겠느냐. 같이 사는 가족도 모르는데 어떻게 알겠느냐"고 했어. 그랬더니 총으로 쏘았지. 쏘아. 나오라고 해서 나가니까 그 자리에서 총살해버린 거라. 우리 보는 앞에서…. 지서장이라는 사람이 죽이라고 했어.

'저거 맞아도 사람이 죽는 건가'
총 쏜 뒤 착검한 칼로 다시…

　난 속으로만 "아이고, 저거 맞아도 사람이 죽는 거라?" 그런 생각이 들었주게. 저거라고 한 건 총. 나중에 보니깐 아버지가 총 맞아서 탁 쓰러져. 이제는 그런 총 보지 못해. 옛날 99식이라고 하는 총에 칼이 꽂아져 있었어. 테레비 보면 일본 군인들 총에 칼 꽂아 있는 거. 그때도 그렇게 했는지, 그 칼 꽂아서 그 칼로 두 번을 찔렀어! 총 쏜 다음에 두 번을 콱콱 찌르고 세 번째 찌르려고 하니까 지서장이 그만하라는 거라. 아버지가 돌아가신 후제(뒤에). 그때는 우리 아버지만 죽고, 사람들이 다 흩어졌어. 그렇게 해서 경찰이 돌아가다가 질레(길가)에 있던 알동네(아랫 동네) 사람도 두 사람 죽여버리고 했주게.

아버지 총살 뒤
이번에는 집에 불붙여

어머니한테 말하려고 달려와서 보니 집 세 거리가 모두 불붙어서 아무 것도 없어. 와랑와랑 ᄉ못(사뭇) 불만 붙고 있는 거라. 경찰들이 아버지를 죽여두고, 이제는 집에 와서 불붙여버린 거야. 그때 창천리에 그런 식으로 걸어진 사람들(도피자 가족) 집은 다 불붙여버린 거라. 어머니는 조금이라도 입는 옷 내치저, 먹을 거 내치저 하면서 ᄉ못 눈이 벌겅(벌게). 집 곡대기(꼭대기)에 모두 불붙어도 그냥 막 미친 듯이 밖으로 내치고 있는 거라.

이젠 그렇게 해두고, 아버지가 향사 마당에서 죽었다고 해서 불 끄다가 달려갔지. 불 전부 사그라지고 난 후에 어머니도 있고, 언니, 셋오빠도 있고, 올케도 있어서 아버지를 모셔온 거라. 모셔다가 한편 구석에 놨다가 이틀 뒤에는 우리 밭에 묻었어. 우영팟(텃밭) 돌담 옆에 놔뒀는데, 그때는 관 만들고 할 수가 없었어. 그저 거적 펴서 옷 입히고 묶어놓은 다음에 다시 거적으로 쌌어. 그러니 아버지가 어디 맞아서 돌아가셨는지 몰랐지.

어머니가 울고불고 한 걸 말로 다 할 수가 없어. 식구들도 다 그렇게 했으니까. 집도 불붙여버렸지, 아버지는 돌아가셨지. 아기도 있었고, 식구들은 많고. 정말 힘들었어. 그 옆에 움막인데 마차집이 있어. 우리 올레가 길어. 올레에 구루마 갖다 놓는 마차집이 있었어. 제국시대(일제 강점기)에 일본 군인들이 쓰다가 해방돼서 버리고 가니까 부락에서 그걸 가져다가 두 개 반에 마차 하나씩 준 거라. 돌아가면서 쓰고 싶은 집에서 쓰라고 한 거지.

반에서 그걸 놓아둘 곳이 없다고 하면서 우리 올레에 그 마차집을 지었거든. 지붕만 덮는 체 하고 문도 없었어. 지금 같으면 주자창이나 마찬가지. 집이 불타고 아무 것도 없으니까 이젠 그 마차집에서 상을 올린 거라. 어머니가 날 보고 "아버지신디 강 상에 밥 올리라(아버지한테 가서 상식 올리라)." 하니, 그 돌담 옆에 아버지 시신 둔 곳에 갔주게. 위에 이불 덮은 걸 그대로라도 놓으면 될 걸, 난 분시도 모르고(철도 없고) 해서 밥 놓으면서 이불 걷어서 보니까 피가 시뻘겋게 묻었주게.

'도피자 가족'만 한 집에 수용
마루 한 쪽에 아홉 식구 살아

집도 불타고, 아무 것도 없으니까 우리 식구들은 그 마차집에서 이틀인가 살았어. 경찰에서 도피자 가족이라고 일절 못 나가게 하고, 죽창 든 자경대인가 하는 사람들이 입초 섰주게. 그다음에 지서에서 경찰이 와서 도피자 가족들은 혼밧드레(한곳으로) 모이라고 해. 개별적으로 살면 산에 가서 연락한다고 한곳으로 모이라고 하는 거라. 말하자면 도피자 가족만 모아놓은 수용소를 만든 셈이지. 그때 알동네가 2부락인데 거기도 도피자 가족으로 걸어진 사람이 있었어. 아들이 일본으로 도망갔는지 가서 보니 할아버지하고 할머니가 있더라고. 우리 친척은 아니야. 그 분네 집 안거리는 태워버리고, 밖거리는 불붙이지 않아서 그대로 남아있었거든. 방은 제우(겨우) 하나뿐이고, 마루 한쪽에 밥해 먹는 곳이 있었어. 우리 아홉 식구가 간 거라. 거기는 할아버지, 할머니에 손자 하나 해서 셋이 살고 있었어. 그 분들이 방에 사니까 우리는 그냥 마루 한쪽에 그 많은 식구가 사는 거라고 사는 거야.

그 집 할머니가 하는 말이 "이디 오민 어떵헨 몬 살아지느니?(여기 오면 어떻게 전부 살 수 있겠니)" 해. 우리 아주망(올케) 친정이 그 동네라. 할머니가 올케한테 "너랑 친정 어멍신디 가라. 이디 오민 살아지느냐? 그디 가라." 하니까, 이젠 올케가 아기 하나는 업고, 하나는 손잡고 해서 갔어. 경헌디(그런데) 올케 친정 어머니가 당신 난 어머니가 아니고 두 번째 들어간 어머니였어. 그 어머니는 혹시나 자식들한테라도 나쁜 일이 있을까 봐 우리 올케네를 들여보내지 않으니까 할 수 없이 다시 돌아와서 우리하고 같이 산 거라.

우리 사는 집에 지서에서 와서 밤낮을 지켜. 부락 사람들 가운데도 자경대가 와서 지키고. 느물(나물) 한 뿌리라도 캐다 먹으려고 하면 그 사람들이 우리를 데려다줘야 캘 수 있는 거야. 올레 밖에 나가려면 그 사람들이 같이 와야지, 경 안 허민(그렇지 않으면) 움직이지 못하게 했주게.

어머니, 셋오빠
지서에 잡혀가다 길가에서 학살

가을이 지나고 겨울철로 들어갈 때였주. 이번에는 지서에서 와서 어머니하고 셋오빠 병용이, 셋언니 팔석이 해서 우리 세 식구하고, 거기 할아버지를 잡아갔지. 그 할아버지네도 도피자 가족이라고 해서 그렇게 한 거라. 할머니만 있는 앞 집에 가서도 "아들 내놓으라"고 하면서 잡아갔어. 우리 올케는 물애기(갓난아기) 둘 있고, 남은 식구들은 어리고 하니까 잡아가지 않았어. 도피자들을 찾지 못했다고 그 가족들을 데려오라고 한 거야.

　안덕지서 순경이 오니까, 아무래도 지서장이 데려오라고 한 거겠지. 그렇게 가다가 안덕 거의 가서 죽여버린 거라. 세 집 사람들을 몰아가다가 죽인 거지. 지서에 데려가서 질문도 안 해보고, 잡아가다가 앞집 할머니도 죽이고, 그 할아버지도 죽이고, 우리 셋오빠, 셋언니도 죽이려고 하니까 어머니가 애원해서 우리 셋언니는 살아났어.

"딸이 무슨 죄가 이수과"
죽어가는 어머니의 절규로 셋언니 살려

　그때 어머니가 죽어가면서 "아무 죄도 엇인 아이 무사 죽이젠 헴수과? 나는 아들 난 죄로 죽지만 딸은 무슨 죄가 잇엉 죽이젠 헴수과? 밥도 못 해 먹는 어린 것들 보글보글헹 이신디 자의가 살앙 가사 뒐 거 아니우꽈? 가의네가 어떵 삽니까? 살려줍서. 살려줍서"하고 막 애원을 하니까 셋언니만 살려두고 그 자리에서 어머니와 오빠를 포함해서 네 사람을 죽여버렸어. 언니는 순경이 지서에 그냥 잡아가고…. 그 자리에 함께 있었던 언니가 돌아와서 그 말을 하니까 아는 거라.

　그렇게 죽여버리니까 누가 수습할 사람이 있게. 처음엔 우리 어머니네 죽은 줄도 모르고 있었는데 나중에 보니 죽은 곳에 가서 할아버지도 실어오고, 할머니도 실어오는 거야. 우리 집에선 갈 사람이 없으니까 자경대하고 같이 궨당 할아버지한테 가서 "어머니도 죽고, 셋오빠네도 죽엇젠 허난 시꺼다 줍서. 구루마는 이신디 우린 어떵 강 시꺼 올 방법을 모르난, 구루마 몰앙 강 시꺼다 줍서.(어머니도 돌아가시고 셋오빠도 돌아가셨다는데 실어다주세요. 마차는 있는데 우리는 어떻게 가서 싣고 올 방법을 모르니, 마차 끌고 가서 실어다주세

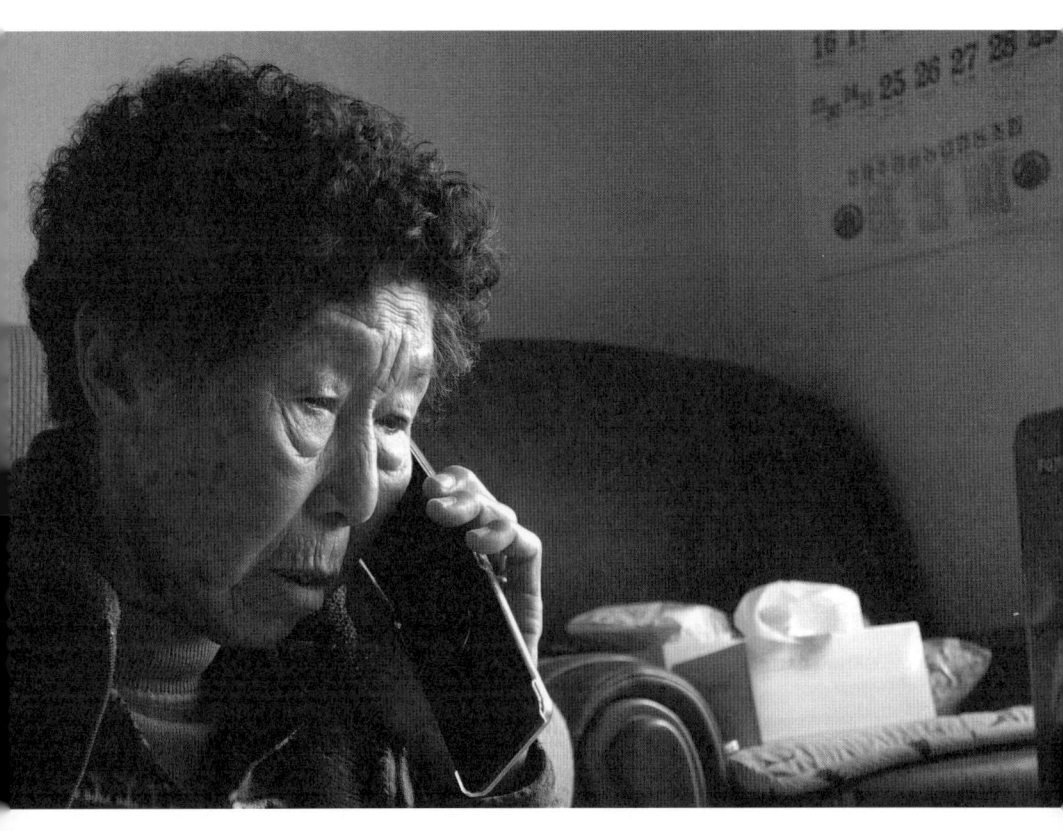

요.)" 하니까 "우리가 뭐 실으러 가느냐"고 하는 거라.

　나 바로 윗 언니도 그때 열여섯 살밖에 안 돼서 마차에 싣고 오는 걸 어떻게 알아게. 모르니까 친척한테 와서 실어다 달라고 했는데도, 실으러 가지 못하겠다고 하면서 실어다 주지 않는 거라. 할 수 없잖아. 우리는 어떻게 할 방법도 모르고. 같이 죽은 사람들은 다 싣고 갔는데 말이야.

올케, 셋언니와 구루마 끌고
"나란히 아버지, 어머니, 오빠 묻엇주게"

　그때 우리 언니가 지서에서 밤새 문 같은 거 두드리고 아우성치면서 ᄉᆞ못 "날 보내줍서." 한 거야. 날 내보내달라고.

　"날 안 보내쥉 이추룩 이디 가두와근에 우리 집이 어린 동생들 무신 죄가 이수과. 이제 말 글을 사람은 다 죽어신디 누게가 그것들을 도와주쿠과? 제발 살려줍서.(나를 보내주지 않고 여기 가둬서 우리 집 어린 동생들이 무슨 죄가 있습니까. 이제 말할 사람은 모두 죽었는데 누가 그 동생들을 도와주겠습니까. 제발 살려주세요.)"

　하도 거기서 그렇게 아우성을 치고 있으니까, 지서장이 순경한테 "왜 저렇게 하느냐"고 했다는 거라. 그 순경이 "어멍도 죽고, 아방도 죽고 오빠도 죽어수다. 어멍이 죽으멍 경 살려도렌 허난, 살려주난 정 헴수게.(어머니도 죽고 아버지도 죽고 오빠도 죽었습니다. 어머니가 죽으면서 그렇게 살려달라고 해서 살려주니까 저렇게 하고 있습니다.)"

　지서장이 집에 누가 있느냐고 하니까 아이들이 있다고 하니까 문 열어서 보내주라고 했어. 그 밤 중에 보내주겠다고 하니 안덕지서에서 창천리까지 와 져게? 뒷날 아침에 일어나서 오다가 혹시나 해서 어머니네 돌아가신 곳에 들린 거라. 셋언니는 시신 실으러 갈 사람도 없는 걸 알아서 혹시나 어떻게 됐나 해서 간 거지. 가서 보니 다른 시신은 다 찾아갔는데 어머니하고 오빠만 그대로 있었던 거야. 집에 와서 언니하고 나하고 올케하고 셋이서 마차 끌고 가서 실어다가…(울음)

시신을 옮길 때는 자경대 데려가서 앞에서 해야 돼. 어머니 오빠 모셔와서 아버지 돌아가실 때처럼 우영팟에 놔뒀어. 우리대로 땅을 파고 할 수 없잖아. 묻을 때는 퀜당 할아버지가 와서 시신들을 졸라매는 체 하면서 나란히…. 나란히 아버지, 어머니, 오빠까지 우리 우영팟에 묻었주게.

"폭도새끼 벗하지 말아라" 놀림
세상 이보다 더 한 원수는 없어

그땐 옆집 사람들도 우리를 사람으로 생각을 안 했주게. 말도 못하게 하고. 동네 사람들도 우리를 홈치(아예) 본 척을 하지 않아. 그때 남은 식구가 올케언니네 셋하고, 나 위에 언니, 나, 남동생, 여동생, 또 세 살 난 동생하고 여덟 식구가 남게 됐어. 농사지으러는 가져? 딱 감옥소에 가둔 것처럼 꼼짝 못하게 하는데 어디 농사를 지으러 다녀져? 집 앞에 총칼 메고 서서 지키는데.

살던 집에 와서 나물 혼꼴렝이(한뿌리)라도 해다가 먹거나 집이 불탈 때 어머니가 내쳐둔 쌀이라도 가져다가 먹으려고 하면 지키는 사람들하고 같이 갔주게. 동네 사람들은 우리 집에 별난 거 있어도 홈치 보는 체도 하지 않아. 이건 적으로 봤으니까. 폭도 집으로 본 거지. 그때 우리한테 "폭도새끼" "폭도새끼" 그렇게 말했어. 아이들도 "폭도새끼 벗허지 말라, 벗허지 말라." 그렇게 하고, '폭도새끼'라고 놀리면서 우리한테 돌로 맞히기도 했주. 그 할머니 집에 살 때는 사람들을 일절 상대 못하게 했어.

그 동네 할머니네 집에 살 때 아니? 그렇게 해서 남은 식구라고 하는 거는…. 어디 나갈 수가 있어? 아무 데도 다니지 못하게 하고! 이건 세상이, 이보다 더 한 원수는 없고…. 그 시절 안 겪어본 사람은 몰라.

"글라 글라"
"열두 살에 세 살 동생 업고 겨울 산길 걸었어"

할머니 집에서 한 달을 조금 살지 않았을 거야. 도피자 가족으로 살고 있는데 산에서 사람들이 습격온 거라. 산에서 도피자 가족 모두 죽여버리고, 아무개 가족들은 수용소에 산다고 하니까 습격든 거 같아. 한밤중에 그 사람들이 왔는데 어두워서 몇 명인지 몰라. 밤에 습격 드니까 지키던 사람들이 모두 달아나버렸어. 그 사람들이 와서 잠자는 우리를 일으키고는 "글라 글라(가자 가자). 아기들 업으라." 하면서 다울려(재촉해). 그 집 할머니하고 손자는 내버려두고, 우리 식구만 전부 내모는 거야! 우린 어리고 하니 그 사람들이 대충 물건을 담아놓고 묶어서 가자고 하는 거라. 난 세 살 난 동생 담요 하나 씌워서 업었어. 그때 우리는 미녕(무명)으로 바지저고리 만들어서 입을 때주게.

한밤중에 산으로 올라갈 때는 어리고, 아기 업어놓고 하니 걷지를 못해. 또 먹는 쌀이라도 모두 갖고 가자고 하니 그 쌀은 누가 지고 가? 그 산에 사람들대로 그건 지고 갔주. 열두 살에 세 살 난 우리 막내 여동생을 업고 산에 걸어가는 걸 생각해 봐. 그 겨울에 열두 살짜리가 아기를 업고 가려면 뭘 할 수가 없지게.

그 날은 눈이 안 왔어. 밤중에 가니까 어디로 가는 지도 몰랐지. 밤에 길을 나서니까 아침이 밝았어. 산이야. 정신없이 걷다가 지쳐서 가다가 중간에 숯

구웠던 굴이라고 하면서 동그란 데 들어가서 쉬었다가 올라가다 보니 곶밧(나무와 덩굴이 우거진 밧)에 가졌어. 한라산 곶밧. 곶밧에 가니까 쉬라고 하는 거라. 다시 또 가자고 하면서 가다보니 오빠가 있는 곳에 가졌어게! 큰오빠 있는데! 볼레낭밧(보리수나무밧)에 있는 초기낭밧(표고버섯밧)이라고 하던데 함바집처럼 된 초기집에서 큰오빠를 만난 거라. 거기가 볼레오름이라고 했어.

그곳에 큰오빠가 다쳤는지 아파서 누워있었어. 문도 없고 아무 것도 없는 집인데 그저 지붕만 조금 덮은 체 한 곳인데, 방바닥에 누워있는 거라. 얼굴만 본 거주게. 큰오빠는 많이 아팠어. 올케는 속이 상했겠지만, 어떻게 해 볼 도리가 없었어. 아버지, 어머니, 셋오빠 돌아가신 이야기 다 하고. 식량이란 건 그 곳 사람들이 조금 주면, 죽지 않을 만큼 먹으면서 살았어.

춥고 얼음덩어리 같은 겨울
토벌대에 쫓겨 굴로 피신

거기서 한 닷새 살았나? 며칠 살지도 못하고 식구들이 헤싸졋주게(흩어졌지). 토벌대가 올라오니까 뿔뿔이 모두 헤싸졌. 그렇게 살다가 토벌이 든 거라. 겨울이난 춥고, ᄉᆞ뭇 얼음덩어리라. 그래서 나와서 낭(나무) 트멍(틈새)에 돌 트멍에 있다가 다시 모인 거야. 거기도 인솔하는 사람이 있었어. 인솔하는 사람이 소문 들어서 와서 데려간 건 보니 굴이었어.

굴에서도 며칠 안 살았어. 엉장(낭떠러지)에 있는 굴은 얼케(바위너설·바위들이 삐죽 튀어나와 험한 곳)처럼 넙적했어. 굴 안은 마리 한쪽만큼 한 건데 상창리 서너 집하고, 감산리 서너 집 사람들이 있었어. 한 열댓 명 있었을 거라. 그때가 여기서 올라간지 한 달포 정도 될 때야. 토벌대한테 당하니까 또 우리를 몰아서 이리가고 저리가고 했주게. 그러니 그 식구 모두 데려가지 않았으면 더러 살았을 텐데….

　토벌대들이 자꾸 올라오니까 우리도 자꾸 옮겼주게. 봄 돼가니 여기저기 옮겨 가면서 이녁만씩 가서 나무 틈에도 가서 살곡(살고) 했어. 굴 속에서는 사람들이 먹을 식량을 조금씩 연통해다 주면 솥단지 하나 놓아서 밥을 해 먹든지 죽을 해서 먹든지 해도 밖에는 나오지 못했어.

　불을 지펴서 냄새나면 다시 토벌대한테 당한다고 하면서 불도 못 사르게 하고, 냄새도 밖으로 못 나가게 했주게. 그러니 밖을 보지도 못한 때는 하루 한 번 먹으나마나 하면서 생활했어. 밤이 돼야 밖에서 나뭇가지 주워다가 불을 지펴서 좀 쬐고 하면서 살았지.

눈보라 속 토벌대의 토벌
"죽었는데 어떻게 말소리가 들리지?"

　굴에 있는데 토벌대가 또다시 달려들었어. 이번에는 누가 알려줬는지 어떻게 알았는지 토벌대가 직통으로 올라온 거라. 어디서 온다는 소리도 못 듣고 직통으로 토벌 온 거지. 토벌대가 닥쳐서 나오라고 하니 그저 남자고 여자고 나오는대로 쏴 죽여버리고, 굴 안에서도 죽었어. 그때 창천리 어른들 많이 죽었어. 눈이 피로 흥건하고…. 죽이지 못한 사람은 포승줄로 묶었지. 오빠네는 앞에 서고 난 조름(뒤)에 서고 해서 나오고, 언니는 조금 크다고 토벌대가 언니하고 동네 사람하고, 상창 사람 해서 셋은 포승줄로 묶었어. 토벌대가 토벌하면서 묶은 거지. 그 언니는 나 바로 위 언니. 난 세 살 난 동생 업어서 담요를 쓰고 있었는데 어리고 해서 묶지 않은 거라.

　우린 뒤에 나오고 큰오빠네는 먼저 나오다가 앞에서 토벌대 총에 맞아 죽은 거라. 나중에 굴에서 나오면서 큰오빠 죽은 거 보면서 그 위를 확 넘었어. 큰오빠도 죽고 올케도 죽었지. 올케네 아기들, 네 살 난 조카는 걸어서 나왔는지 어떻게 했는지 확실치 않지만 죽고, 두 살짜리는 올케가 안아서 나오다가 같이 총 맞아서 죽었어. 난 아기(막냇동생) 업고, 여덟 살 난 동생은 손 잡고 나왔어. 남동생은 그때 굴 속에서 나온 다음에 가지 각산 흩어지면서 보지 못했어.

  토벌대가 우리를 몰아서 얼케 닮은 쪽으로 내려오다가 보니 사람들이 길가에서도 죽었고, 더 나오다 보니 테역밧(풀밭)이라. 눈은 막 오고. 그때 산에 피신한 사람들이 죽을 때는 눈이 많이 묻었을 때야. 거기서 산에 사람들이 맞대응을 한 모양이라. 도처에서 맞대응하면서 총소리가 나니까 막냇동생 업고, 동생 손잡고 오다가 눈 위로 팡팡 엎어졌어. 엎어지니까 토벌대가 총으로 팡팡 쏘는데 아기 우는 소리도 나고 외치는 소리, 사람 죽어가는 소리도 마악(강조) 나는 거야. 나는 "어떵헨 난 죽어도 이추룩 사람 말소리 들어졈신고?(어떻게 나는 죽어도 이렇게 사람 말소리를 들을 수 있지?)"하는 생각만 했주(지). 분수를 모르니까. 열두 살에 무엇을 알겠어게? 눈을 떠서 가만히 고개를 들어보니까 사람들도 죽어있는 거야. 나가 엎어진 데는 벌겅했어(벌겠어). 그 굴 있는 데가 볼레낭밧 같아. 초기낭밧에서 죽었다고 나중에 어른들이 얘기하더라.

"세 살 동생이 날 살렸어"
모두가 죽은 그 날, 눈도 피로 벌겋게 물들고

  아, 이제는 겨우 일어나보니 이리로(머리, 얼굴, 어깨로) 그자 피가 꽐꽐꽐꽐 쏟아지는 거라. 나 머리 위로 피가 쏟아져서 머리도 오꼿(전부) 피범벅 됐고, 아이고~. 아기 업은 생각도 나지 않는 거라. "왜 이러지?" 이제는 할 수 없이 아기를 덮은 담요를 묶었던 걸렝이(띠)를 푸는 체 해서 담요째 이렇게 보니 우리 동생이 죽어있는 거야. 엎어진 위로 총을 막 쏘아대니 세 살 난 동생 머리에 맞은 거라. 나가 그 눈 위에 팍 엎어지니까 아기도 같이 엎어질 거 아니? 그 동생은 나 등에서만 살았주게. 아기 때문에 내가 눈 속에 납작하게 들어간 거라(파묻힌 거야). 아기 아니었으면 나가 죽었지게. 가이(여동생)가 날 살렸어. 가의가 죽었기 때문에 내가 살아서 이런 거 저런 거 이야기를 하게 된 거 닮아. 가의가 안 죽었으면 나가 죽었을 건데….

옆에 포승줄로 묶인 언니도 죽어버리고, 동생도 옆에서 죽고, 다른 사람들도 모두 죽었더라. 모두 나 옆에서. 언니는 다른 사람 두 사람하고 셋이서 포승줄로 묶여서 다 같이 엎어져서 죽은 거라. 언니도 엎어지라고 해서 엎어지니까 토벌대가 그대로 쏴버려서 엎어진 채로 죽은 거지게. 포승줄 묶인 채로.

나는 일로 이레(얼굴에서 어깨까지 가리키는 모습) 전부 피로 범벅 된 거라. 머리카락도 모두 피로 엉겨버리고. 하얀 눈도 피로 벌겋게 물들었어. 막냇 동생을 언니 옆으로 안아다 놔서 언니 옆에 놓고 담요로 펴서 언니하고 덮어두고 일어서니 아기 우는 소리도 들리고, 사람들 우는 소리가 들렸어. 다들 흩어졌지. 그때 셋언니는 같이 없었어. 같이 산에 올라갔는데 거기서도 일할 만한 사람은 따로 뽑고 일 못함직한(못 할 것 같은) 사람은 따로 한 것 같아. 남동생은 어리고 하니까 나무 틈에 박아지니까 살았다고 하는 거라. 나도 나만, 남동생도 남동생만 혼자씩 흩어지게 된 거지. 나중에 남동생한테 어떻게 살았느냐고 하니까 그자 달아나는 거라고 ᄉᆞᆽ 뛰다가보니 조금 층이 진 나무 굽에 엎어져서 숨었는데 토벌대가 그냥 넘어가서 살았다고 해. 거기서 살아나와서 아는 사람하고 같이 있었어. 셋언니가 오빠 동생들 죽은 소식을 듣고 어디서 찾아왔다고 해. 남동생한테 "가서 묻어두고 올 테니까 여기 있어라." 하면서 나간게 그게 마지막이라. 거기서 갈라져버렸어. 남동생이 나중에야 토벌대한테 잡혔는데 어리고 하니까 살려준 거.

우리 큰오빠가 섣달 음력 스무아흐렛날(양력 1949년 1월 27일) 죽으난 스무여드렛날 저녁에 제사를 지냈어. 완전 눈 묻을 때라. 세 살 난 여동생 평수, 여덟 살 난 여동생 평화. 포승줄 묶인 열여섯 살 나 위에 언니 평선이. 셋언니 팔석이. 큰오빠, 올케, 큰오빠네 아기 둘하고 그날 하루에 다 죽은 거라. 남동생하고 나만 살아난 거지.

머리카락에 엉긴 피범벅 뽑아내며
쫓기고 또 쫓겨 다시 산으로

그래도 울고불고 하간 거(온갖 거) 할 생각, 아~무(강조) 생각도 안 나, 그때는. 생각이 나지를 않아. 이젠 동쪽으로 돌아서도 총소리, 서쪽으로 돌아서도 총소리 나니 어디 도망갈 데가 없어. 아기 우는 소리는 나지, 숨으러 갈 곳이 없는 거라. 조그마한 풀밭에서 동쪽에서 총소리 나면 서쪽으로 뛰고, 서쪽에서 총소리 나면 동쪽으로 뛰고 거기서 뱅뱅 돌았어. 나 혼자만 말이야. 그러다 한동안 가만히 서 있었어. 가만히 서서 저쪽으로 봤다가 이쪽으로 봤다가 하면서 피가 엉겨 붙은 걸 손으로만 드러(마구) 뽑으면서 있으니까 자왈(수풀) 속에서 막 손짓하면서 사람 부르는 소리가 나. 이리로 오라고. 나밖에 없고 하니 죽을 각오나 그런 생각도 안 하고, 손짓을 해가니 할 수 없이 그리로 갔어.

가서 보니 산의 사람이라. 그 사람이 "혼자 돌아뎅기당 어떵 허젠 그추룩 헴시니?(혼자 돌아다니다가 어떻게 하려고 그렇게 하고 있어?)" 하니 "저디 우리 언니가 동생이영, 놈들허고 다 죽어서 놔두고 와수다.(저기 우리 언니가 동생과 다른 사람들과 모두 죽어서 놔두고 왔어요.)"라고 말했어. 그 사람이 셋언니를 안다고 셋언니한테 데려다주겠다는 거라. 언니한테 밤에 데려다주겠다고 해서, 밤에 내려오는데 길 옆에서 갑자기 총소리가 나니까, 내 손을 잡고 뛰었어. 가다보니까 내창 바위까지 간 거라. 그 사람은 어디로 갔는지 사라지고. 내창 바위에 가니 동으로도, 서로도 갈 수가 없고 가만히 나 혼자만 앉았다가, 날이 밝아가니 어디로 갈 지 몰라 다시 산으로 올라간 거라. 내창 바위는 나중에 보니 광평이야. 내창 바위에 있다가 광평으로 올라가니 바로 어오름곶으로 올라갔어. 그땐 테역밧이엇주게.

산에서 만난 피난민 따라
숨으라면 숨는 생활

또 올라가다 보니끼 산의 사람들을 만났어! 그 사람들이 왜 이렇게 밝은 날에 어디 가는 지도 모르고 겁 없이 돌아다니냐고 해. 이렇게 다니다가 죽으면 어떡하겠냐고 하는 거야. 나는 오빠, 언니, 동생 다 죽고, 어디 갈 지를 몰라 하는데 어떤 사람이 셋언니한테 데려다 주겠다고 해서 가다가 그 사람도 어디로 가버리고 해서 이렇게 혼자 있다고 했어. 내창 바위에 앉았다가 동서도 모르고, 그저 걷는 거라고 걷고 있다고 했주게. 그랬더니 그 사람들이 그러냐고 하면서 "조름에 혼듸 싯당 뎅길 땐 뎅기당 곱으렌 허민 곱으라.(뒤에 함께 있다가 다닐 때는 다니다가 숨으라고 하면 숨으라)"고 해. 그 사람들도 제라한(완전한) 산의 사람들은 아니라. 아래서 올라가서 헤매던 사람들이라. 나중에 수용소에서 만났어.

그래서 그 사람들이 숨으라고 하면 숨고, 바위틈에도 앉고, 나무 틈에도 가서 앉고 하면서 살았지. 그때 개짱낭밧(쥐똥나무밭)에 왔다고 하는 거라. 개짱낭밧이라고 들었어. 개꽝낭이 아주 커서 개꽝낭 아래 앉으면 위로 사람들이 넘어가도 몰라. 개꽝낭이 칭칭해서(서로 엉겨 단단해서) 옆으로 밟으면서 넘어가도 모르주게. 나야 어리고 몸피도 없고 해서 개꽝낭 틈에 박아졌다가 그 사람들 넘어가면 나오고 했어.

토벌대에 잡혀 트럭 타고
서귀포 단추공장 수용소로

그렇게 다니다가 2월인가 돼서 토벌대한테 당한 거라. 토벌대가 그냥 닥치니까 잡혀서 내려왔주게. 어리고 글도 몰라서 삐라(전단지)를 막 뿌려도 보지도 않고, 그냥 다니다가 토벌대가 들이닥치니까 잡혀서 내려온 거지. 거기가 개꽝낭밧도 지난 곳인데 하도 헤매면서 다니다보니 어딘지 모르겠어. 토벌대한테 당해서 상천리 조금 아래 모록밧 부근에 성담을 쌓고 주둔소를 만들어서 거기 군인들하고 경찰이 살고 있었어. 대난도라고 해. 그 대난도 주둔소에 나를 데려갔어. 거기 가니까 이번에는 서귀포 수용소로 가라고 해. 그때는 나만 있을 때였지. 잡힐 때도 나 혼자만 다니다가 잡혔으니까. 그때도 남동생 소식을 모를 때였어.

트럭으로 서귀포까지 싣고 가더라. 갈 때는 트럭에 많이 타지는 않았주. 서귀포 가보니 함바집 같은 수용소에 사람들이 아주 많았어. 수용소가 꽉 찼으니까. 그때야 수용소가 뭔지, 어디 있는지 알게. 나중에 여행도 가고 하다 보니 정방폭포에서 아래쪽으로 가면 동쪽에 있는 수용소였는데 단추공장이라고 들었어. 단추공장 살 때는 교실처럼 널찍한 데 사람들로 가득찼어. 수용소에 있을 때는 언니하고 같이 다녔다고 하는 사람도 만났는데 어디 사람인지는 몰라. 언니 또래 여자였어. 수용소에서는 남동생이 살아있는 건 몰랐어. 나 혼자만 살아있는 걸로 난 생각했지. 나 혼자.

"식모로 가자는 걸 거절했어
우리 어머니 영혼이 그렇게 시킨거라"

거기서는 강냉이에 밀을 밥에 섞어서 줬어. 강냉이에 깎지 않은 밀, 그거로 밥해서 접시 닮은 것에 조금 주고 하는데 그때 그게 맛 좋았어. 배고프고 하면 먹게 되는 거주게. 하루 세끼 주지는 않았을 거라. 잘하면 두 끼 줬는가? 그 시절에 아기 없는 사람들은 데려다가 식모로 키우려고 했주게. 식모나 수양딸로 가자고 하는 사람들도 여러 사람 있었어. 거기 있으니까 어떤 아줌마가 와서 "나하고 가서 살면 잘 먹고 좋은 옷 입고 살 거니까 같이 가자"만 하는 거라. 식모가 아닌 자기 딸로 데리고 살겠다고 했어. 우리 어머니, 아버지네 다 죽었는데 나 혼자 잘살려고, 호강하려고 갈 수 있겠어?

내가 말했지. "우리 집 열세 식구가 다 죽고 나 혼자 살아남았어요. 나 혼자 밖에 없으니까 남의 집에 가서 잘 먹고 잘 쓰면서 살지 않겠습니다. 나 하나 살았는데 수양딸로 가면 됩니까? 우리 어머니, 아버지, 우리 식구들 다 나 앞에서 죽었는데 누가 제사를 해 줍니까? 그 뒷바라지하지 남의 집에 가지 않겠어요."

나 목숨 하나 살았는데 내가 가버리면 우리 작산(많은) 식구 식게 멩질은 누가 하느냐고 하면서 안 가겠다고 했주게. 그렇게 얘기해서 남의 집 식모로 가지 않았어. 우리 어머니 영혼이 나를 그렇게 하도록 한 거라. 집을 잘 돌보라고 어머니가 그렇게 하는 거라는 생각이 들었어. 난 절대 다른 집에 가서 나 혼자만 호강하면서 살지 않겠다고 결심했지. 나 혼자 살아 남아서 우리, 우리 어머니 아버지네 동생들까지 내가 할 일이 있는데 하는, 그런 생각으로 안 갔어.

남동생과 눈물의 재회
마차집 움막 생활

　그래서 집으로 돌아오게 된 거지. 집에 올 때는 아는 궨당 할아버지네 아들이 가서 데려다 줬어. 집이라는 데는 무슨 집이 있어게? 불에 타서 아무 것도 남아 있지 않으니까 우리 올레 우녁팟 구루마 세우는 마차집에 들어갔지. 사람 사는 집이 아니고 지붕만 비 안들게 조금 덮고, 구루마 하나 들어갈 만하게 옆에는 돌을 조금 쌓은 거주게. 지금 같으면 비가림한 곳인데, 거기서 살았어. 문도 없어서 거적을 옆으로 달아매서 문처럼 쓰고, 거기서 고 밥해서 먹었어.

　동생은 가지 각산 흩어질 때 토벌대에 먼저 잡혀서 수용소도 먼저 갔어. 산에 있을 때 토벌대 올라와서 뿔뿔이 흩어지는 바람에 행방을 몰랐거든. 집에 돌아와보니 있는 거라. 소식을 모르다가 집에 와서 만나게 된 거주게.

　수용소에서 돌아와보니 궨당이 마차집에 솥단지 하나 갖다놓고 거기서 밥해 먹으면서 살라고 했다는 거라. 궨당들이 남동생이 살아오니 종손 밥을 누가 해 주느냐고 의논해서 궨당 할머니가 해 주기로 했다고 해. 수용소에서 돌아와 보니 동생이 그 할머니가 밥해 줘서 얻어먹고 그냥 거기서 엎어지곡 하는 거라. 도피자 가족이라고 해서 일절 상대를 못하게 하고, 죄인 취급 하니까 눈도 멀고 아무 것도 못해서 뭐라고 말하지 않을 거라고 해서 그 할머니가 맡은 거야. 그래서 내가 오니 마차집에서 같이 밥해서 먹는 체 하고 일한 거지.

오누이만 기거하는
움막에서도 돌아가신 식구들 상식 올려

　마차집에 살 때도 상식 올렸어. 마차집에 살면서 널판지 같은 걸 놓아서 상식으로 어머니, 아버지, 오빠, 언니네까지 식구들 밥 여덟 개 올려놓고 하며서 산거지. 돌아가시면 살아있는 사람들이 먹는 것처럼 상에 올리는 거 있잖아. 그걸 3년 다 했주게. 순가락 두 개도 꼽고 세 개도 꼽고 해서 밥 여덟 개, 국 여덟 개 올렸어.

상식만 한 줄 알아? 식게 멩질에 색일(부모가 돌아가시고 탈상 전에 매월 음력 초하루에 지내는 제사)까지 다 했어. 삭일은 초하루하고 보름, 한 달에 두 번 했주게. 마차집에서 일 년을 그저 살았어. 한번은 삭일 돌아와서 삭일하려고 사라(접시) 주우러 여기 저기 다니다며 보니 동네 배고픈 아이가 들어와서 순가락으로 밥 먹으려고 하니 스뭇 화가 나 못 먹게 하고. 허허.

그릇들은 어머니가 집이 불탈 때 마당으로 내쳐서 깨지다가 남은 것들. 어머니가 그 세간을 어느 자식이라도 살면 먹어야 한다면서 그렇게 내쳤어. 그때까지 그 세간이 불탄 집에 남아 있었주게.

지방은 써 놔둔 거 있었어. 아버지가 써서 놔뒀거든. 아기들 난 날, 이름 같은 것도 다 써서 놔뒀었주. 종가집 일은 다 보면서 했으니까. 그래도 시국 나니까 종손도 없는 거나 마찬가지로 살았어. 4·3사건 나서 한 십 년 동안은 그렇게 고생하면서 산 거지.

아무도 찾아오지 않는 집
"'살암시민 살아진다'고 하는 사람도 없더라"

남동생하고 둘이만 살 때도 동네 아이들이 자기들끼리 말하다가도 옆으로 가가면 확하게 돌아서 뭐라고 하거나 아예 말을 하지 않아. 누가 우리를 가까이 할 거라? 폭도집이라고 오지를 않아. 추접한 집이라고 가까이 오지를 않아. 그러니 마차집에 살면서도 오누이가 울어도 누가 왜 우느냐고 말을 걸어오는 사람이 없었어. 그렇게 하면서 살았다고. 그러니 얼마나 고통을 당했을 거야.

그러니 고통을 당해도 남한테 할 말이 없어. 폭도새끼라고 할까 봐서 그냥 고개만 숙였어.

　나이 든 사람이나 젊은 사람들도 '살암시민 살아진다'고 하는 사람 하나도 없고, 그 문 없는 마차집에서 울멍 살았주게. 그러니 나도 다른 사람들한테 말하지 않고 내 할 일이나 하고 다녔어.

열세 살, 제사 명절에
스물세 개 메 올려

　문도 없는데서 살다가 옆에 할아버지 혼자 사는 집을 빌려 갔주게. 방 하나, 부엌 하나짜리 막살이인데 다 헐어서 제대로 눕지도 못하는 집이었어. 천장도 다 떨어지고, 방 바닥도 썩은 방이었지만 벽장 위에 밥 여덟 개, 국 여덟 개, 짐치(김치) 같은 것도 올려놓고, 숟가락도 올려놓았어. 오누이가 밥을 먹으려고 하면 상에 올렸다가 내려서 그 밥 먹고 했지. 지방은 친척 하르방이 와서 써주고, 이렇게 하라 저렇게 하라 시키면 그것대로 다 했어.

　식게 멩질 할 때는 쌀 한 말이 들어. 옛날 아버지 했던 걸 모두 하려고 하면 한 말은 해야 밥을 올릴 수 있었주게. 메를 스물세 개까지 올렸었어. 스물세 개 올리려고 하면 상이 몇 개나 들겠어? 그러니 웃대 조상 먼저 하고, 아랫대는 나중에 하고, 그랬지. 큰 상을 네 개 펴면 웃대 조상 지방 놓고 먼저 하고, 나중에는 아랫대, 우리 아버지네 다시 상 차려서 올리고 했주게. 나 그렇게 하면서 살았어. 다 나가 했주게. 식구가 없는데 누가 할 거라? 그걸 가르쳐주는 궨당 하르방은 곤쌀(흰쌀) 없으면 보리쌀 섞어서 하라고도 하더라. 그 할아버지가 제사할 거 얘기해주면 하고, 우리가 모르면 와서 이렇게 준비해서 하라고 시켰주게. 멩질도 일 년에 세 번. 오월 단오까지도 했으니까. 열세 살부터 스물 넘도록 했어.

　상에는 적도 전에는 일곱 고지(꼬지) 맞춰서 했었는데 숫자가 많아서 난 세 고지만 했어. 상 하나에 세 고지. 먹고 살려고 하면 매일 일하고 품팔이하러 다니고, 결혼하기 전에는 계란 장사도 했주게. 그 장사해서 동생 초등학교, 중학교 학비 내고, 식게 멩질 하고 했지. 또 논 빌어서 논농사도 하고 조농사도 하고 밭도 갈고 했주게.

　다른 집은 식게 멩질에 없으니까 낭푼에도 올렸다고 하는데 나는 그런 식은 안 했어. 메밀가루 같은 거 부치려면 옛날은 솥뚜껑 엎어놓고 거기서 부쳤거든. 그거에 손을 대서 가죽(피부) 다 벗겨지고. 이 년을 대니까 손이 갈라져서 살지를 못해. 손이 쇠스랑처럼 갈라져서 아파. 종가집이어서 그렇게 하면서 산 거라.

열네 살, 농사짓기 시작
"그런 세상이어서 죽은 거주"

　열네 살 나니 밭도 있고 쉐(소)도 있어서 놉 빌어서 농사 지었어. 나대로 베는 일이나 검질(김)매는 일은 하는데 밭 가는 거는 놉 빌어서 했어. 장남(인부) 빌어서 나대로 검질도 매고 했는데 조농사는 방아에 가서 빻는 거는 할 수 있어도 푸는(까부르는) 걸 못하는 거라. 푸는체(키)로 탈탈 풀어야 하는데 그걸 하지 못해서 놉 빌어서 푸고 했주게. 조농사 지은 것을 이제는 모슬포 오일장까지 지고 가 팔아서 흰쌀도 사고, 고기도 사고, 그렇게 하면서 산 거라. 그때는 모슬포 장밖에 없었을 때였거든. 그래도 토지 있으니 보리도 갈고, 조농사도 하면서 남동생 중학교 보낼 수 있었어. 장남(일꾼) 빌어서 일할 때는 품삯을 주지 못하면 그 집에 가서 일해 주고 했주게.

18살 무렵 동네 후배와 찍은 기념 사진.(오른쪽이 김평순).

농사짓고 남의 집 빌어 살면서 상식 놓고 하다가 소상이 돌아왔어. 큰언니가 한림 오일장에서 쌀을 팔고 있다는 소문을 듣고 찾아가서 만났어. 그동안 사정을 이야기해서 상식도 올리고 소상도 하려고 한다고 하니까 조카들 데리고 왔더라. 스물댓 넘은 제일 묻이(맏이)인데 와서는 울고불고 하는 거야. 나가 언니한테 말해주. "언니, 세상 모르는 소리 허지 맙서. 어디로 울 생각이 남수과. 난 그보다 더 험한 세상 살아수다. 세상이, 그런 세상이 돌아와서 그렇게 죽은 거지."

불탄 집 문들 갖다
열일곱 살에 집 지어

열일곱 살 나는 해에 동네 할아버지 빌어서 집을 지었어. 나무가 있어야 집을 지을 거 아니? 그 할아버지가 제국시대 일본 병정들이 살았던 굴이 자기 밭에 있어서 거기 나무를 해다 놔뒀거든. 그 낭을 가져다가 지으라고 하더라. 할아버지한테 낭 값은 다 물었어. 그 낭 가운데 흙은(굵은) 낭은 목수 빌어서 짜면서 짓고, 즌(작은) 낭은 나대로 내창에 가 끊어서 등짐으로 지어와서 지었지. 남동생은 어리고 학교 다녀서 혼자 했주. 그렇게 해서 초가집을 지어서 방을 두 개 만들었는데 마루는 없어. 종가칩이라고 식게(제사)가 많아서 마리는 있어야 한다는 거라. 부엌하고 같이 썼지. 마루 널판이 없어서 그대로 바닥에 검질 깔아서 지냈어. 그렇게 살다가 한 일, 이 년 지나서 향사를 뜯으니까 거기 마루했던 낭을 가져다가 놓아서 살았어. 정지문(부엌문) 같은 소소한 문은 어머니가 집불 붙일 때 떼어내서 마당에 내쳐서 그걸로 정지문도 하고 방문도 붙였지.

"결혼해야 종가집 살린다"
스물한 살에 결혼

궨당 할아버지가 "네가 빨리 결혼해야 종갓집 살릴 거 아니냐" 하면서 빨리 결혼해서 종가칩을 세워야 한다는 거라. 내가 먼저 결혼해야 남동생도 결혼해서 종손 노릇 한다는 것이었지. 그래서 스물하나에 남편(오연준) 만나 결혼해서 아들 하나, 딸 셋을 낳았어. 내가 결혼한 뒷해에 동생이 결혼했주(지). 그러면서 동생네 가서 일해 주고 살았어.

나 결혼할 때는 아무 것도 안 가져완. 난 친정에서 깨진 사발, 숟가락 하나 갖고 오지 않았어. 동생이 장가가니 내가 하던 식게 멩질 모두 맡아서 하라고 헨(했어). 식게 멩질 하던 밥그릇이고 뭐고 아주망(남동생 부인)한테 전부 맡겨두고 빈 손으로 나왔주게. 재산은 아예 생각도 안 했지. 동생 결혼할 때도 나는 못 살아도 동생이라도 잘살아야 남들이 말을 하지 않는다고 마음 먹었주게. 나도 못 살고 동생도 못살면 배우지 못해서그 그런다고 하는 소리 듣지 않으려고 그렇게 했어.

시집도 아무 것도 없는 데라. 낭도고리(함지박)에 밥 먹고 했주게. 그러니 시집와도 죽자 사자 맨날 땅이라도 파야 했지. 남의 일이 나 일이고, 남의 일 이년 일 가리지 않고 살았어. 남의 일이라도 해야 밥을 먹고 살겠다는 생각만 했어.

결혼한 다음에 장사는 안 해봤어. 보리, 조, 고구마, 메밀, 감자 같은 농사만 했주. 우리 토지가 없으니까 다른 사람 밭만 빌면서 농사만 지으면서 살았어. 다른 사람 밭 빌고, 다른 사람 소 빌고 하면서.

밀감농사 한 지는 그렇게 오래 되지는 않았어. 어린 때부터 되나마나 시간 없이 일하고, 시간 나면 남의 일하면서 품팔이도 하고 산 거라.

20살 전후 동네 친구 결혼식 때 찍은 기념 사진. 뒷줄 보라색 한복 입은 이가 김평순.

남편은 동갑. 팔십둘에 돌아가셨어. 지금 사는 집은 서른세 살에 처음 지은 거라. 예순둘에 이층 올렸지. 결혼한 다음에도 4·3 이야기 들었어. 마흔 넘도록 고통을 당했주게(지). '폭도새끼'라고 해서 말이야. 사람들이 나 있는 자리에서 '폭도새끼', '폭도질' 그런 이야기 하면 나 들으라는 소리 아니? 나 앞에서 그런 이야기해 가면 고통이라. 아무리 세상이 바뀌었다고 해도 지금도 있다가 드문 드문 그런 말하는 사람들 있지. 그런 때가 가장 슬퍼. 좋은 일을 만나 본 적이 없어서 좋은 일이 있었는지 모르겠어.

그때 일을 어떻게 잊어버려? 두루 저퍼사 잊지(덜 억울해야 잊지). 너무 고통을 당하니까 잊을 수가 없어. 부모님 있고 집 지어서 살고 하는 사람들이야 걱정 있겠어? 난 식구들이 남들 앞에서 죽어도 궂은 소리 하면서 한 번 싸우지 않았어. 아무 죄도 없는 부모 거느릴까 봐.

오빠네 가족 시신 찾으러 갔지만 못 찾아

나중에 편안해진 후 산에서 살던 사람이 와서 오빠네 묻은 데 알아진다고, 찾아주겠다고 하는 거라. 상창리 분인데 같이 갔지만 찾지 못했어. 남동생도 결혼한 다음이었거든. 그때는 장례 치를 거로 해서 칠성판 옷 같은 거 전부 갖고 갔는데 찾아져? 못 찾안. 나가 스물세 살이나 네 살 때였어. 가보니 어릴 때 갔던 곳은 덤불 덮어지고 어디가 어딘지도 몰라. 그때는 테역밧도 있고 이 고망(구멍) 저 고망 다니면서 살아나난(살아보니) 알아진다고 해서 그렇게 했는데 못 찾안. 곱아서(숨어서) 다니는 사람이 어디가 어딘지 어떻게 알아? 돌오름 넘어간 곳인데 모르커라(모르겠어). 큰오빠는 다친 부위가 있고, 올케는 앞 이빨에 금니를 박고 있어서 그걸로 찾겠다고 갔지만 누시(도무지) 못 찾았어.

옛 집터에 서있는 김평순 씨.

나중에 말하는 것이 언니 같아. 셋째 언니가 그때 장사하러 다녀서 배에 전대 같은 걸로 묶어서 돈을 갖고 다니다가 죽은 거거든. 셋언니가 그걸 풀어보니까 피가 묻어서 쓰지도 못한다고 해서 그 옆에 파묻었어. 나중에 찾으러 갔던 사람이 돈을 쌌던 봉다리(봉투) 같은 거 뒹굴고 있다고 말해. 그 사람은 그게 오빠로 생각한 거지. 셋언니만 살았으면 시신을 찾을 텐데 이젠 못 찾지.

동광리서 찾은 셋언니 무덤
셋언니인지 확인하러 열일곱 살에 점집 찾아

동광리 사는 사람이 셋언니 시신을 찾아주겠다고 했어. 같이 있다가 죽은 모양이라. 나한테 성(언니) 묻은 데 안다고 하면서 자기를 찾아오면 언니를 찾아주겠다는 거야. 그때 동광리는 동광 육거리 아래 재건해서 성담을 쌓아서 그 안에 살 때였거든. 동생 어릴 때여서 점심 만들어서 싸고 나 혼자만 찾아갔지. 열다섯 살 될 때였을 거야. 거기 가니까 그 사람이 도리몽치(단단한 몽둥이)를 짚고 나왔어. 그거 보니 어린 마음에 무서웠지. 가시덤불 헤치면서 한참 곶밭으로 들어가. 난 속으로 "무사 이런 디 들어감신고? 몽치 심엉 이시난 어디 강 죽여불 건가?(왜 이런 데 들어가지? 몽둥이 잡고 있어서 어디 가서 죽여버리려고 하는 거 아닌가?)" 어린 마음에 곶밭으로 들어가니까 무서운 생각이 든 거지. 내중에 보니 풀 헤치고 가시자왈(가시가 어여진 곶자왈) 두드리면서 한참 들어가니까 주위에 돌담도 있던 데 가서 풀을 가려내면서 이것이 언니 무덤이라는 거라.

"확실허우꽈?"(확실합니까) 하니 확실하다고 해. 그래서 거기 흙 조금 지치는 체 마는 체 하고 큰질(큰길)에 나와서 그 사람하고 갖고 간 점심을 같이 먹고 돌아와서 퀜당 할아버지한테 언니 시신 찾았다고 했어. 그루후젠(그 뒤에는) 동생한테 언니 무덤을 알려줘야 해서 같이 가서 풀을 베고 했지. 다음 해 8월에도 가서 벌초했주게. 시신을 찾았다고 하니 사람들이 막 달라는 거야. 시국에 죽은 사람들, 혼자 죽은 남자들이 있으니까 혼을 갖고 가서 사후결혼시키겠다는 거라. 궨당 할아버지도 주라고 해. 처음에 언니 찾으러 갈 때 겁이 와락 났었고, 사람들은 달라고 하는데 난 이 무덤 주인이 진짜로 언니인지 궁금했어. 그때 한림 명월 부락에 점을 잘 보는 사람이 있었주게(지). 점쟁이한테 물어보려는 욕심으로 명월 점집에 갔어. 열일곱 살밖에 안 날 때야. 점을 보는데 점쟁이가 한참 점을 보다가 나한테 언니라고 하면서 동생이 이추룩(이처럼) 찾아오니까 고맙다고 하는 거야.(울먹) 그래서 동생 결혼한 해인가 뒷해인가 사람 빌어서 일르러(발굴하러) 가보니 유해가 나왔어. 우리는 어리고 분수도 모를 때잖아. 그 어른들이 와서 모두 그렇게 해서 회수에 사후결혼해서 이제는 거기서 제사를 지내. 그 집안 자손들이 아주 잘 됐어. 우리도 큰일 나면 가고, 거기서도 우리 큰일 있을 때 오고 했주게.

해마다 4·3 위령제 참석
나 못 다니면 자식들이라도 일 년에 한 번은…

한번은 알동네 사람이 4·3위령제 하는데 가면 집사 일만 시킨다고 안 가겠다고 하는 거라. 무슨 말이냐고 물었거든. 그랬더니 4·3 때 죽은 사람들 위령제 지낸다는 거야. 나는 그런 제를 지내는 줄 전혀 몰랐거든. 그제서야 나도 가서 보겠다고 해서 제주시 위령제 지내는 데 가보니 제주도 모양으로 만들어서 그 위에 자기대로 가서 지방 갖다가 붙이고 하는 거라. 또 동네마다 제지낼 음식 만들어서 가고 하길래, 그때부터 다니기 시작했어. 해 년마다 다른 사람들은 식구들 가운데 한 사람만 돌아가셔도 몇 사람씩 가는데 우리 집 식구는 몇 식

구라게. 몇 식구가 돌아갔는데 안 가면 어떡하리, 해서 다니기 시작한 거지.

남동생이 유족회 일보다가 돌아간 다음에는 나가 되나마나 유족회 회의 보러 다니기도 하고, 제주시에서 4·3 위령제 할 때 가고 했주게.

위령제는 해마다 갔어. 30년 가까이 다녔어. 안덕지회(유족회)에서도 음력 4월 3일날 위령제를 지내는데 거기도 갔어. 난 자식들보고도 말해. "아무리 어려워도 나가 걸을 수 있을 때까진 다닐 거고, 나가 못 다니게 되면 꼭 일 년에 한 번은 제주시에서 위령제 할 때는 가라"고 해. 모든 식구가 돌아가고 나 목숨 하나 살았는데 안 가면 되느냐고…. 그렇게 해서 아들보고 가라고 해.

우리가 여러 차례, 세 번 정도 신고했어. 처음에는 남동생이 신청했었고, 그 다음에는 조카도 신청했고, 나도 신청했어. 처음에는 비석이 없는 걸 보니 신청을 안 한 거라. 우리 올케네. 그래서 그거 신청해서 올리고 했주게. 2018년도에 올라갔을 거라. 비석 세우지 못한 게 한이었주게. 4·3평화공원에서 행방불명인 비석을 세우는 걸 몰랐다가, 나중에야 신청해서 세운 거지. 코로나로 4·3위령제에도 못 가보고 하니 나중에 비석 세운 것도 아직 보지 못했어.

남을 원망해 본 적 없어
"놈신디 궂인 소리 허지 말라"

가장 애석한 건 우리 식구들이 배부른 밥 한번 먹지 못해서 죽은 생각밖에 안 나.(울음) 큰오빠는 결혼하니까 떼어내도 우리 아홉 식구가 사니 배부른 밥을 한번 졸바로(제대로) 먹으면서 살다가 죽어서게(죽었어)?

내가 겪었던 일들을 다른 사람들한테 말하고 싶지 않아. 내가 말해봤자 말해서 뭐할 건데 하는 생각도 들고, 누가 하는 이렇게 고생했구나 하는 사람도 없고…. 이녁(자기) 눈으로 안 본 사람들은 몰라. 이녁이 겪어난 사람만 알지.

그때 살았던 일을 생각하면 지금 사는 삶이야 삶이라? 저슬(겨울)에도 노는 날이 있어게? 저슬에는 나무해다가 불 때야지, 조금 시간 나면 품팔러 가야지. 아무 것도 없으니까 일을 해야 했어. 나무는 병악오름에 가서 하고, 봄 나면 고사리 꺾으러 가서 하루 종일 꺾어오지. 고사리 꺾으러 돌오름밭까지 갔다왔어. 그때는 나무들이 없고 드르팟(들밭)이고 테역밧(풀밭)이어서 동네 사람들과 벗해서 다녔주게. 앉아있을 때가 없었지.

나이 들어도 그때 당했던 일, 눈에 선해. 그 고통 당한 일, 날 사람 취급 하지 않았던 일을 생각하면…. 그런 사람들도 지금까지 살고보니 대단한 것도 아니야. 옛날 잘살던 사람도, 없는 사람도, 나쁘게 굴고 두드리던 사람도, 고통받던 사람도 마찬가지로구나 해. 그런 생각밖에 난 몰라.

이제까지 살면서 남을 원망한 적이 손톱만큼도 없어. 남한테 싫은 말 한번 하거나 싸우면서 살아보지 않았주게. 세상을 잘못 만나서, 세상이 그런 세상이 들어서 그렇게 됐구나, 하고 생각해버리지.

내가 죄 지은 몸처럼 죽은 부모네 거느리는 게 싫고 아무개 딸 배우지 못해서 저렇게 살고 있다는 소리는 듣지 않으려고, 내가 참으면 되고, 나 하나만 희생하고 말지, 하는 이런 생각하면서 오늘날까지 살았어. 다른 사람들이 뭐라고 해도, 내가 옳으면 뭐라고 해도 좋다고 하는 마음으로 살았지.

그러니 자식들보고 내가 말을 해. "살민 얼마나 사느니? 마음 곱게 먹엉 살아야 한다. 놈신디 궂인 소리 절대 허명 살지 말라.(살면 얼마나 사니? 착한 마음 먹고 살아야 한다. 남한테 싫은 말 절대 하지 말고 살아라.)" "놈안티 궂인 소리 하지 말고 놈 ᄒ나 먹으민 두 개 주라. 그런 마음 먹으멍 살아야 한다.(남한테 싫은 말하지 말고 남 하나 먹으면 두 개 줘라. 그런 마음 갖고 살아야 한다.)"

〈구술 채록·정리 허호준〉

사돈집 조팟 검질메멍 눈물만 드륵

손민규

_1934년생. 신흥리 출신, 제주시 거주

아홉 오누이 낳고 넷 지탱한 부모님

조천면 신흥리에서 났어. 난 우리 어머니 마흔 넘어 난 막내딸. 아버지 손대준(1891), 어머니 백일준(1894). 큰오빠 현규, 작은오빠 동규, 언니는 순규. 아버진 신흥, 어머닌 신촌이야. 아버지 형제분들은 딸 둘, 아들 다섯이었는데 다들 돌아가셨어.

우리 어머니 아버지가 아홉 오누일 낳았는데, 딸 둘, 아들 둘밖에 지탱을 못했어. 큰언닌 나하고 나이 차가 스물은 넘어. 언니 큰딸이 나하고 네 살 차이니까.

해방 전 내가 9살에 1학년이야. 왜정 때라 군인들이 와서 학골 점령해버렸어, 우린 소낭밧(소나무밭)에 가서 공부 했어. 공부하는데 소낭(소나무) 버렝이(송충이)가 목에 막 달라붙는 거라. 그거 잡느라 놀라고. 두드러기가 나서 공불 제대로 할 수 있었나.

왜정 때 가택수색 공출, 들키면 종아리 맞았어

왜정 땐 공출했잖아. 가택 수색 막 했어. 순사들이 와서 여기저기 뒤져서 쌀

4·3시기 희생당한 아버지와 어머니.

있으면 다 퍼 가버리고. 아이고, 우리 어머니, 아버지네 그 고생만 하다가 돌아가셨지.

　그 고구마 썰어서, 기계로 썰어서, 공출해 바치고. 쌀 공출, 보리 공출. 일본으로 보내려고. 쌀 숨겨놓은 거 보면 전부 가져가 버렸잖아. 숨긴 거 들키면 막 두드려 맞고. 사무실에 데려가서 회초리로 이런 종아릴 막 때렸어, 공출 많이 안 했다고. 어머니 아버지넨 애기들 살리려고 농사만 부지런히 지어서 공출 바쳤지.

　그 당시 우리 재산은 밭 두 개에 소 일곱 마리, 돼지 열두 개였어. 4·3사건에다 불타 죽고, 닭은 몇 마리였나 몰라. 많이 길렀어. 우린 사촌들이 많았어. 이젠 다들 돌아가셨지. 우리 큰아버지 손자 유식, 유산 오빠 둘 4·3에 죽었어.

아버지 미싱 잘 해
새각시 누비이불도 척척…'클쟁이 똘'

　내가 어린 때 우리 집 사탕 장살 했더라고. 옛날은 저 말구루마로 사탕이 와. 우리 집 난간(툇마루)이 넓거든. 거기 사탕을 막 풀어 놓는 거라. 그러면 아이들이 사러 왔어.

　그 사탕 장살 그만하게 되니깐 아버지가 총(말총) 장사를 했어, 우리 아버지가 총 장사 하러 동네 다 돌아다니면 "저 하르방 총은 좋다"고들 했어.

　우리 아버지가 또 바농질(바느질), 미싱 잘 하기로 이름 났어. 일본도 안 갔다 왔는데 발미싱 놓고 일을 했어. 조천면에 새각시들 시집 갈 땐 우리 아버지한테 와서 누비이불을 다 해 갔어. 제주도 새각시(새색시)들 다 우리 아버지한테 왔어. 그러니 아버지 뻴량(별명)이 '클쟁이'라. 내가 어디 가면 '클쟁이 똘' '클쟁이 똘' 하는 거라.

또 있어. 우리 아버지가 해녀들 속곳(물옷) 있잖아. 소중기(물옷). 그 해녀 옷 있지. 그걸 만든 거야. 해녀들이 우리 집에 와서 그거 만들어 주면 "막 고맙수다, 고맙수다" 구젱기(소라)도 조물아다(잡아다) 우리 아버지한테 갖다주고 했어.

그 당시 우리 아버진 조금 잘 살고, 우리 작은 아버지는 조금 못 살았어. 저 대흉년에 우리 작은 아버지가 태어나니까 별명이 '쑥조베기(쑥수제비)'라. 아버지한테 왜 '쑥조베기'냐고 했어. 아버지가 옛날 먹을 거 없어서 막 귀한 시절에 나니까 '쑥조베기'라 별명 지었다 했어. 아버진 작은 아버지가 결혼해서 아들을 낳으니까 "애길랑(애기는) 우리 집에 데려 와라. 나 발로 흔들멍 미싱허멍(흔들며 미싱하며) 잘 봐주마"했어. 우리 아버진 조, 보리 농삿일도 했지만 미싱 일을 더 많이 했으니까. 동생이 일해서 밥 먹고 살라고 그 애길 키워준 거지. 나중에 작은 아버진 일본 가서 잘 됐어.

돼지 한 마리 잡아 '군대환'에 실어
큰오빠에 보내

해방 전에 우리 오빠가 일본에 갔어. 작은아버지가 일본 가서 포목장사, 비단장사를 했어. 거길 간 거지. 그때 큰 배가 있었어. 군대환이라고, 그 배가 조천항에 올 때야. 내가 그땐 한 여섯 살쯤 될 때야. 그때 우리 사탕장사 할 때 비워놓았던 하꼬(상자)가 요만씩 했어. 쇠, 양철로 만든 하꼬가 집에 있었거든.

우리 아버진 그 당시 못 살면서도 쌀 한가마, 그땐 가마니 쌀이었거든, 쌀 한가마니에 도세기(돼지) 한 마리 잡아서 전부 배를 갈라 뼈는 빼고 살만 남겨놓고 거기에 김치 도리(한통) 넣고 고기 한도리 넣고 세 통을 만들어서 일본으로 보냈어. 그렇게하면서 오빠는 살았어. 오빠는 열아홉 살에 장가를 가서 오누일 낳았어. 스물다섯 살인가 됐을 거라. 근데 일본엔 오빤 혼자만 갔어.

단기 4283(1950). 5. 2. 제26회 조천교 졸업 기념 사진. 손민규는 맨 뒷줄에 있다.

큰오빤 작은아버지네 집에서 아버지가 보내준 거 먹으면서 살았어. 거기 포목일 심부름 해주면서 산 거야. 그때 우리 작은아버지가 우리 오빠가 어떤 마음인가 알아보려 했던 모양이라,

이 아이가 마음이 바를 건가, 아니면 도독질을 할 건가. 돈을 여기 흘리고, 저기 흘리고 했어. 그러면 오빤 "아버지, 어떵 허난 돈이 이디 이수다(어떻게 해서 돈이 여기 있습니다)." "거 무슨 말이고, 어디 있었냐?" 알면서도 작은아버진 그러고. 오빤 아무 것도 모르고 그냥 "저기 이십디다.(저기 있습니다) 여기 이십디다." 자꾸 그랬다는 거라. 작은 아버지 눈엔 그게 아주 착하게 보인 거지.

우리 큰오빠가 어릴 때부터 보리밥을 먹으면 설사했어. 근데 그땐 쌀밥이 귀했잖아. 아버지가 일본엘 쌀 한가마니 보내면서 아들을 살렸어. 오빠도 살다보니 좀 오래 살게 된 거지. 거기 한 2, 3년 살다가 집으로 왔어. 해방되고 돌아온 거지. 오빠 아기가 한 서너 살 됐으니까.

4·3 직전
다시 일본으로 떠난 큰오빠

큰오빤 고향에 와서 아기 하나가 더 생겼어. 딸 둘, 아들 하나가 된 거지. 1년쯤 살았을 거야. 여기선 더 못 살겠다고 하는 거라. 다시 보리밥만 먹으니까 자꾸 배 아파서 못 살겠다고. 오빠가 다시 일본을 가겠다고 하는 거라. 그때 또 "왓샤 왓샤" 동네 한바퀴 돌아가는 소리가 나는 거야. 큰오빠가 아버지한테 말했어.

"아버지, 나 일본을 보내줍서."
"야. 거 무신(무슨) 소리고 장남인디 일본 강 어쩔 셈인고. 저 애긴 어떵 헤 둰

일본 갈 거냐?"

"아버지, 나 여기 이시민(있으면) 죽어마씀."

"거 무슨 소리고?"

"지금 저 질(길)에서 왓사 왓사 허는 거 봅서. 저 소리가 무슨 소린 중(줄) 알암수과(알고 있습니까)? 전쟁 나면 죄 엇인 사람 다 잡아다 죽입네다."

아버진 뭣도 모르고 "아무상도 엇이 경 허느냐?(아무 일도 없이 그러느냐?) 경 허민 나 일본 보내켜. 니가 경허당 이디서 죽어불민 어떵 사느니, 나 일본 보내켜.(그러면 나 일본 보낸다. 네가 그러다 여기서 죽어버리면 어떻게 사느냐. 나 일본 보낸다.)" 했지. 아버지가 작은아버지한테 아들이 다시 간다고 연락했어. 4·3사건 일어나기 직전이야.

큰오빤 일본 가서 이젠 또 마누라 정해서 살아버렸어. 여기 올케만 아기 세 오누이 데리고 사는 거지. 우리 아버지가 그 애길 다 키우게 된 거라. 나중에 큰오빤 일본에서 애기 다섯을 낳아 모두 여덟 오누이가 됐어.

호열자에 보리 볶은 것
순경이 내동이쳐

내가 4학년 땐가 사람들이 호열자(콜레라) 걸렸어. 호열잘 걸리니깐 학교엘 못 나갔어. 신흥리하고 함덕리 사이를 차단해서 사람들도 다니지 못하게 했잖아. 동네 할아버진 모기장을 쳐서 살았는데도 돌아가시고. 난 그렇게 하지 않았는데 건강해서 살아났어. 지금은 이 전염병, 코로나에 "마스크 써라, 써라." 하지. 그땐 마스크가 어디 있어. 짐들 몽땅 밖으로 내쳐서 순경들이 집집마다 청결을 검사했어.

한번은 내가 우리집 마당 평상에 누워서 보리 볶은 걸 먹고 있는데 순경들이 들어오는 거라. "너 뭘 먹고 있냐?" "보리 볶은 거 먹습니다." 했더니 그걸 바닥에 내동댕이쳐 버렸어. 그런 거 먹으면 안 된다는 거지. 그 호열자에 우리 사촌 남동생하고 사촌 언니가 죽었어. 한 집에서 오누이가 죽은 거야.

아휴, 우린 저 호열자 걸려서 곱앙(숨어서) 살았지. 그러다 보니 4·3사건 나서 곱앙 살고. 이젠 문딱 불태워 버리니깐 먹을 게 없어서 고생했지.

"문장 날 똘 나왔다"... 아버지
"대학까지 시킨다"

아버진 나 열다섯에 학교 갔다 오면. "아이고 나 똘(딸) 이리 와라, 이리 와라." 했어. 저 동그란 치마에 빤스 하나만 입어도 무릎이 언 줄 몰랐어. 열다섯까지 어머니는 발에 눕고, 아버지는 나 데리고 눕고. 어머니보다 아버지가 날더 아꼈어. 근데 그 옛날은 학교에서 자꾸 가정방문을 왔어. 내가 그 당시 공부를 조금 잘했어. 선생님이 날 막 아꼈거든. 선생님은 아버지한테 "삼춘, 저 딸어느 학교까지 시키젠 햄수과(시키려 합니까)?" 하는 거라. 아버진 "뭐 공부만 잘하면 대학교까지 시키주" 했어. "공부 막 잘헙니다 대학교까지 시키면 나도 좋겠습니다." 하는거라. 아버진 문장 날 딸 나왔다고 좋아했어. 난 붓글씨도 잘 쓰고 다른 것도 잘 했어. 그림은 못 그려 공점. 난 112명에 7등 했어.

작은아버지 일본서 보내준
비단 저고리 입어

작은아버지가 일본에서 나한테 비단 저고리를 보내주는 거라. 어릴 때부터 난 모본단 저고리, 고사 저고리, 비단 저고리를 입은 거지. 내가 학교 다닐 때

맨 앞줄 올케와 조카들. 뒷줄 오른쪽이 손민규.

그걸 입으면 아이들이 얼마나 부러워했는지 몰라.

그런 비단 저고리 나밖에 입고 다니지 안했으니깐. 또 우리 아버지가 남색 치마 요만하게 만들고, 속치마는 그 카사리(레이스) 붙이는 거라. 아뜩아뜩 보이게 해. 팔월 명절엔 고사 저고리. 정월 명절엔 비단 저고리, 호박단 저고리 입었어.

또 학교 입학할 때 일본 간 큰오빠가 빨간 책가방이랑 필랑(필통)을 보내줬어. 그땐 다들 책보따리 어깨에 휘둘러 메고 다닐 때 잖아. 비만 오면 책이 탈탈 떨어지는 거라. 아이들이 책가방이 부러워서 "책가방 잘도 아꼽다(좋다) 아꼽다." 했어. 그렇게 열다섯까지 살다가 4·3사건이 난 거라.

작은오빠, 그리고 4·3

작은오빤 학교에 강사로, 학생들 가르치러 다니다가 행방불명. 그게 가슴이 아파. 옛날 오빠 총각 때 우리 그 사촌 오빠가 일본서 바이롱(바이올린)인가 기탄가 갖고 오니까 우리 오빠가 밤이면 솔짝솔짝 나가서 늦어야 오는 거라.

우리 아버지가 밤마다 어디 갔다 오느냐고 하면 "아버지 걱정허지 맙서. 나 놀러 다념수다." 했어. "나쁜 짓일랑 허지 말라" "아버지, 거 무신 말씀이꽈? 내가 무슨 나쁜 일을 헙니까" 해.

그 옛날엔 일년에 한번 씩 동네에서 사람들 모아놓고 학예회 했었어. 학교에서 그걸 했는데, 우리 오빠가 그 바이롱을 틀었어(연주했어). 사촌 형한테 배워서. 그렇게 날렸던 사람이야. 그 작은오빠한테 받은 공은 죽어도 내가 못 갚아. 돌아가셨지만. 나 학교 가서 비바람 불어가면 자전거로 태워다 주고 했던 오빠야.

작은오빤 열아홉에 결혼했는데 애기가 없었어. 근데 4·3사건이 나분 거라(나버린 거야). 4·3이 나니 이젠 우릴 좋게 보던 그 선생이 또 가정 방문을 왔어. 그땐 선생들 다 심어다 죽여버릴 때야. 선생도 학생들 더 가르치질 못했어. 그땐 또 학생 수가 많아서 오전반 오후반 다녔거든.

오빠한테 선생님이 지금 뭘 하냐고 묻는 거라. 오빤 집에 그냥 있다고 했어. 그러면 저 우리 학교에 와서 강사로 임시로 아이들 가르쳐 줄 수 없느냐 한 거라.

오빤 "아이고, 난 배운 것도 없고 가르치는 걸 잘 못허겠수다." 했어, 옛날 초등학교 나오면 지금 고등학교 나온 것만큼 공불했어. 그러니 저 1, 2학년만 가르쳐도 좋으니 와서 가르쳐 주라고 부탁하는 거라. 생각해보겠다고, 오빠가 이젠 고민을 한 모양이라.

그 당시엔 전화도 없으니 선생님이 왔다갔다 자꾸 오빠 만나러 집으로 오는 거라. 그러다 어찌어찌해서 우리 오빨 만나게 됐어. 선생님이 자꾸 오니까 오빠도 이젠 그렇게 하겠다고 했어. 오빠가 학교 강사로 갔어.

근데 한 며칠 지난 때야. 반동자라고 순경들이 우리 집에 자꾸 연락이 오는 거라. 우리 아버진 무슨 일로 우릴 반동자라 하느냐고 걱정이 컸어. 또 그렇게 말하는 동네 사람한테는,

"반동자가 뭐고?"
"저 산에 사람들 연락해주는 사람마씀."
"우린 반동자도 모르고, 산에 사람도 모르고, 아무 것도 모르는데, 무슨 소리들 하는 거라?"
"저 아들님이 학교에 가니까 반동자로 취급허는 모양이우다."
" 아이들 학교에 가르치는 것도 반동자라 하면 선생들도 다 반동자라?"
"그러니까 선생들 다 죽염수게."

이젠 이렇게 말하는 거야. 아버진 어이없지. 아무 것도 모르고 "아이고, 이게 무슨 세상인고. 그러면 학교에 다니질 못하게 해야겠구나. 반동자가 뭔 말인지 그런 건 절대 모르는데." 그렇게 하고 며칠 지난 때야. 아버진 아들이 오면 그 말을 하려고 했어. 근데 아들도 그 소식을 알았는지 어느 날 행방불명 돼 버린 거 아니? 작은 오빠가.

아버지 "아들 잃은 죄 밖에 없다" 고초

오빠가 집에 들어오지 않고 며칠 지났어. 동네사람들이 집에 와서 말하는 거라 "아들 안 내놓으면 집 불 붙이고 사람 죽이겠덴 말들 헴수다." 아버진 "무슨 소릴 하느냐"고. 우린 아들 찾질 못해 애타는데 이게 무슨 말이냐. 난리가 난 거지, 곧 순경이 달려 왔어. 총 들이대면서 아들 내놓으라고 하는 거야.

"아들은 학교에 강사로 간다고 간 것이 행방불명 돼버렸는데, 당신네가 아들 찾아다 주라"고. 아들 잃어버린 심정이 어떤 줄 아느냐고. 우리 아들 찾아다주고 난 다음 우릴 죽이든가 말든가 하라고. 아버지가 막 화를 냈지. 그러니 이젠 "잘 생각해보라." 말하고 순경이 가버렸어.

그때 우리 친척들이 많았어. 형제간들이 많았어. 아버지 형제가 일곱 오누이. 한 동네에 다 살고 칠촌 팔촌까지 사니깐 신흥에선 손칩이라고 하면 막 알아줬어. 며칠 지나니깐 이젠 그 궨당들이 "아이고, 삼춘. 요새 집을 비와사 허쿠다(비워야 하겠습니다)." 하는 거라. "무사?(왜?)" " 저 집 불붙이곡 사람을 죽염직허우다(죽일 것 같습니다)."

어떻게 우리 사촌 오빠가 연결이 됐어, 우리가 네 번째 아들이니까 "말젯아버지, 우리 말 들엉 당분간이라도 어디 강 곱앙 이십서(당분간이라도 어디 가서 숨어 있으세요)." 했어. 우리 아버진 "난 아들 잃은 죄밖엔 없다. 아무 죄도 없으니까 나 죽어도 집에서 죽지 왜 바깥에 나가서 죽느냐. 아들도 못 찾아하는데. 날 죽이는 사람이 죄 받아 그 사람이 죽는다" 하는 거라.
"아이고, 이렇게 말해도 말젯아바지 잘 모르쿠과?" "난 죽어도 집에서 죽지 절대로 집 바깥에 안 나간다." 아버진 꿈쩍도 안했어.

어머니와 함덕 언니 집으로 피신

아버진 가만히 누워 생각하다가 어머니한테 말했어. "사람 일이 모르니 혹시나 와서 우릴 죽일지, 불붙일지 몰라. 우리 두 늙은이야 죽어도 좋지만 저 딸 하나 있는 거 저저 무슨 죄로 죽게 하냐. 민규 데리고 함덕 딸네 집에 가 있으라"는 거라. 함덕 시집간 우리 언니네 집으로 가라는 거지.

아버진 죽어도 집에서 죽을 거니깐 우리만 그렇게 하라고 했어. 어머니도 "하르방 죽어불고 나만 살면 난 어떵 살아?" 못 가겠다고 했어. 아버진 "말이 그거지. 죽이진 않을 거라."고 어머닐 달래서 보냈어. 어머닌 내 손을 잡고 저 큰 길로도 안 가고 소롯 길로 해서 함덕 언니네 집으로 갔어

불타는 신흥집 본 어머니
"잘 쓸어먹엇저"

언니네 집은 비탈진 곳에 있고, 우리 집은 동산 집이야. 언니네 집에 가자마자 총소리가 팡팡 나는 거라. 우리 어머니가 "아이고 저걸 어떵해(어떡해)." 주저 앉아버렸어. 총소리에 겁이 난 거지. 이젠 이렇게 보니깐 사방팔방으로 막 연기가 나는 거라. 우리 그 동산 있는 신흥서 함덕 사이는 아주 가깝지.

"잘 쓸어먹엇저, 잘 쓸어먹엇저" 불이 난 걸 본 우리 어머니가 한 말이라. 그 당시 난 아무 분시(철)도 없을 때였어. 몇 시나 됐나. 저녁 한 서너 시, 다섯 시

친구들과 20대의 손민규(맨 앞줄). 뒷줄 가운데 선 친구 김옥자도 4·3시기 부모가 희생됐다.(위)
뒷줄 왼쪽 첫 번째 20대의 손민규. 조카들과(아래) 함께했다.

쯤 되어갈 때라. 그땐 다른 친족들한테도 연락을 통 하지 못 할 때지.

불타는 집안에서 죽은 아버지

사촌 오빠가 왔어. 우리집 불붙여갈 때라. 우리 아버진 집안에서 죽겠다고 하니까 사촌 오빠가 막 걱정이 돼서 망을 봤던 모양이라. 불붙이고 나가는 걸 보고 담요 둘러쓰고 달려갔어. 특공대가 닭 두 마리 쏘고 나가 버리니깐.

이젠 사촌 오빠가 그 아버지 꺼내고 대문짝 떼서 그 위에 모셨어, 이불 꺼내서 덮고. 여기저기 연락을 했어.

"말젯어머니 겁내지 맙서. 집도 불테와 불고 말젯아버지도 집에서 돌아가션 내가 바깥에 모셔다 놨으니 수습하는 거라도 봅서." 하는 거라. 어머니도 "아이고 조케 속앗저(조카 수고했다). 고맙다."만 하고.

우리 아버지가 발로 흔들며 키운 그 우리 사촌 오빠가 우리 일을 참 많이 해 줬어.

어머니가 가서 봤지. 우리 집은 지어서 얼마 안 된 때고 우리 집 바로 앞 공터에 헌 집이 하나 있었어. 마침 그 집에 살던 사람이 나간 때라. 사촌 오빠가 거기 대문짝을 떼다가 칠성판으로 해서 아버지 옷을 입히고 신체를 묶었어. 옷을 입혀버려서 난 아버지 얼굴도 못 봤어. 근데 이마 쪽으로 보니 피가 보이는 거야.

우리 어머니가 "아이고 이마에 총 맞안 죽었구나" 통곡했어, 그때 궨당(친족)들이 잘 도와줬어. 아버지 시신은 그냥 우리 밭에 토롱(가매장)을 한 거라. 임시 굴을 파서 흙으로 덮었어. 느람지란 거 있잖아. 짚단을 사용해서 이렇게 덮는 거. 느람지 해다가 그것을 이렇게 둘러놓고 집에 왔어. 세 번째 말젯 아버지 집이 다섯 채였어. 잘 살았어. 우리 살림들은 사촌 오빠가 거기 한 채에 임시로 갖다가 놔뒀어. 난 뭐가 뭔지, 세상이 어떻게 돌아가는 거지 겁이 났지만 눈치만 봤어.

셋째 말젯 아버지가 우리 어머니한테 "이젠 어찌해 볼 수가 없수다. 당분간은 딸네 집에 가서 살 수밖에 없는데 어떵헙니까, 여기 살면 겁나서 살아집니까?" 하는 거라. 어머니도 "아이고, 아주버님 경 허쿠다(그렇게 하겠습니다), 아주버님 말 들으쿠다." 했어. 이젠 그 밤에 어머닌 내 손을 꼭 잡아서 다시 함덕 언니네 집으로 갔어.

끌려가는 어머니 울면서 쫓아갈 때
특공대가 발로 내 다리를 차

언닌 또 집단 생활을 하게 됐어. 그때 우리 형부가 뭘 잘못했는지, 형부 때문에 잡아다 수용시킨 거라. 우리 언니를. 그러니 언니네 아이들, 그 오누이하고 우리하고 같이 밥해 먹고 얼마동안 살고 있었어.

다시 사촌 오빠가 연락오기를, "말젯어머니 어디 가서 잘 곱앙 이십서(숨어 있으세요). 특공대가 막 가택수색하고 저 말젯어머니 어디 가서 살고 있는 걸 막 수소문 헴수다." 하는 거라.

"아이고 어찌하면 좋은고." 어머닌 걱정만 하는 거라. 친정에 가서 사는 올케가, "저 어머니 당분간 이러 이러한 집에 강 숨읍서. 밥은 집에 와서 먹고." 하는 거라. 이젠 그 집에 가서 숨었어.

뒷날 아침엔 내가 밥했는데 우리 어머니가 밥 먹으러 왔어. 그때 특공대 셋이 총 들고, 철창 들고 와서 우리 어머니 팔을 폭 심은 거라. 우린 겁이 나서 "아이고, 어머니, 어머니"만 했어. 내가 "엄마, 엄마" 쫓아가니까 어머닌 헤뜩헤뜩 날 보는 거라. 이젠 특공대가 날 발길로 탁 찼어. 탁 걸려 넘어지면서 "엄마, 엄마" 울고 있으니깐 어머닌 이젠 팔목을 묶어서 데려가버린 거야. 난 울기만 하고.

"울지말라. 집에 강 밥이나 먹게"

우리 언니 친구가 소식 듣고 날 찾아 왔어, 난 헤싹 넘어져 울고 있는데, "아이고 족은년아, 울지 말라, 족은년아, 아무상도 아니헌다.(막내딸아, 울지마라, 막내딸아, 아무렇지도 않다.) 울지 말라. 글라(가자). 우리 집에 가 밥이나 먹게, 아이고, 울지 말라." 하는 거야.

그 당시 어린 생각으로 "우리 집에 강 밥이나 먹게." 하는 생각에 빨딱 일어 났어. 그 집엘 가니깐 모인조팝(메조밥)에 무 썰어놔서 밥하고, 된장 그 콥대사니(마늘) 불휘(뿌리) 넣고 된장을 뭘 넣고 지졌는지 고기 반찬보다도 더 맛 좋은 거라. 아무 생각도 없이 울면서 그 밥을 먹었어 이제도 그 생각만 하면 입맛이 확 당기는 거라.

그 된장에 그 모인조팝, 무 썰어놓은 밥, 그 밥이 얼마나 맛 좋았는지. 울면서도 밥을 먹은 거라. 참 어이가 없지. 어머닌 끌려갔는데 딸 년은 밥을 먹고. "아이고 족은년 착허다, 흔저 먹으라 흔저 먹으라(어서 먹어라)." 하는 말 들으면서. 그 밥을 먹고 배가 부르니 "족은년아 이젠 집에 가서 저 조케들이영 가만히 있어라. 어머니 아무렇지도 안한다." 하는 거라.

"내일은 밥헤오지 마라"
어머니의 죽음

우리 조카, 언니 딸이 나보다 네 살 아래였어. 그 아이가 초등 1학년 땔 거라. 그러면 내가 함덕국민학교에서 집단 생활하는 할머니한테 밥해 가져 가겠다는 거라. 내가 밥을 점심까지 해서 보냈어. 내가 해주면 그 아이가 갖고 갔어. 한 스무 날이나 되었나?

그렇게 하는데 이젠 어머니한테서 기별이 왔어. 이젠 밥을 해 오지 말라는 거야. "내일은 밥헤오지 말라고 헙니다." "무사?" "몰라. 낼랑(내일은) 밥헤오지 말렌." 난 어린 생각으로 그러면 풀려 나오는가? 생각이 들어서 "알앗저. 게민 알앗저(알았어. 그러면 알았어)."했어. 속으론 기뻤지.

이젠 한 9시, 10시가 돼도 어머니는 안 오시는 거라. 우리 조카 이름이 복례야. 복례한테 밥해서 보냈어. "밥 가정 할머니한테 한번 가보라, 할머니가 안 오는 거 보니 이상허다." 어머니가 조카한테 밥해오지 말라 했지만 그래도 밥 갖고 가 보라 했어. 내 말 듣고 조카가 가져갔어. 가서 보니 아무도 없다는 거라.

난 올케언니한테 갔어. 우리 올켄 친정에 살 때였어. 그 당시엔 다들 그 일가족들은 곱으명만 살았어, 밤이 갔는지 낮이 갔는지 그것도 몰랐어. 난 올케언니한테 "어머니도 없고 어떤 일이꽈?" 했어. 올케언닌 "기여게, 알앗저, 알앗저.(그래, 알았다, 알았다.)" 만 하는 거라.

친구, "너네 어멍 죽은 줄 몰랐나?"

우리 친구가 또 날 닮은 아이가 있었어. "야, 넌 너네 어멍 죽은 줄 몰랐나?" 그 아이도 자기 어머니가 죽은 거라. "넌 어떻게 알았냐?" 하니깐, "난 우리 어머니 죽은 데 가서 같이 묻었어. 올케하고 가서." 그러는 거라.

친구는 나보단 하나 아래였어. 우리 어머닌 어떻게 된 일인지 몰라서 물어봤어. "너네 어머닌 우리 사돈님을 모르니까 너희 올케하고 남자 어른하고 가서 어떻게 묻더라." 하는 거라. 아이고, 이젠 어디 강 죽여버렸구나. 난 죽은 줄도 모른 거지. 근데 어떻게 해서 올케가 어머니 죽은 걸 알았던 거라.

울면서 올케한테 갔어, "어떻게 어머니 죽은 걸 말 안 헙디가?" "넌 어떵 알았냐?" 저기 이러저러한 아이가 말했다고 했지. 그제야 올케가 "아이고, 미안하다, 말하면 너가 막 울까봐 말 안 했다. 미안하다, 미안하다."[1] 하는 거라, 올케가. 내가 하도 어리광만 부리며 살아서 나한테 말하면 충격 받을까봐 말하지 않았던 거지.

올케가 사돈님, 그러니까 친정아버지를 데리고 어머니 죽은 자리에 갔어, 어머니 시신을 가마니로 묶고 그 자리에 이젠 또 임시로 흙 파서 ᄂ람지 더끈(덮은) 다음 토롱을 한 거야. 아버지 죽은 때처럼. 그렇게 하고 와도 나한테 어머니 죽었다고 말하지 않았던 거지.

아버진 음력으로 10월 13일날 돌아가시고, 어머닌 12월 스무엿새날 돌아가셨어. 그러니 어머닌 두 달 더 살다가 간 거지. 두 달! 그 집단생활 하면서 말이라. 아이고, 사난 살앗주.(사니깐 살았지.)

우리 어머닌 그때 쉰다섯이니 마음이 청춘이지. 박박박박 털어. 막 무섭다고만 했어. 그 함덕국민학교에서 집단 생활하다 죽을 때 오죽이나 박박 털었을까 생각해. 함덕에서 북촌 가는 큰질(큰길) 있어. 그 성담 바깥에서 죽여버렸어. 가시덤불 많은 데야. 그때 많이 죽었어.

부모 파병하던 날
"바닥에 내려놓지 못한 딸 두고…"

부모님 죽고 난 뒷해(이듬해), 3, 4월은 됐어. 봄이 돼서 파병(이장)한 거라. 그땐 조금 끔끔할 때라. 신흥에서 친족들이, 저 신흥 공동묘지가 있으니 거기로 부모님을 모셔가자고 하는 거라. 그때도 친족들이 그렇게 좋았어. 그저 난 고맙다고만 했어. 아버진 10월, 어머닌 12월에 돌아가셨지만 하루에 하는 게

---

1) 필자주: 백일준(白日俊, 1894생)은 1948년 12월 군인들에 의해 도피자 가족이라는 이유로 연행, 함덕국민학교에 수용됐다가 음력 1948년 12월 26일(양력 1949년 1월 24일) 함덕리 속칭 "훼남동산"에서 총살당함.

1960년대 손민규 가족사진.

어떠냐는 거라. 아버지 파병하는 건 친족들이 알아서 했어.

같은 날이어서 난 아버지 얼굴을 못 봤어. 아버지 신체는 밖으로 내쳐 나갈 때만 그 현상을 봤어. 그 이장할 땐 보질 못했어. 하루에 해버리니깐. 난 우리 어머니 보려니까 못 봤지. 아버지는 친족들이 전부 손보고 모셔다 두고, 어머닌 토롱했다가 석 달만에 이장할 때 언니, 조카들, 사돈들, 이모들, 퀜당들 다 갔어.

우리 이모님이, 대단한 어른이야. 우리하고 같이 갔어. 근데 파병해서 보니 가마니가 잘 썩지 않았어, 그때 광목옷밖엔 없을 때잖아. 광목옷은 썩으려 하고 있었고, 몸이 이만큼 부었더라고. 그냥 소 죽은 것처럼. 입으로 개끔(거품)도 나오고, 콧물도 나오고. 얼굴도 제라하게(온전하게) 그냥 있는데 살이 이만큼 막 부풀어버렸어. 또 버선을 벗기려고 하니 살이 같이 버선에 붙어서 나오려는 거라. 이젠 칼로 그걸 잘라서 벗겨냈어. 아이고. 이제도 그게 눈에 훤해. 아이고, 어떻게 내가 살 수 있겠어.

그때 우리 이모님이 한 말이 생각나. "아이고 성님, 아래도 안 놓젠 한(놓으려고 한) 똘 놔두고 어떵 죽어젼?" "가마니에 깨도 한 톨 놔뒹 어떵 죽어집디가?" 우리집 솥에 깨가 이렇게 붙어 있었어. 그 말을 들었는지 우리 어머님 코로 피가 볼락허게(불룩하게) 나왔어. 물들어가면 보말 보글락보글락 소리 내는 거처럼 입으로 개끔이 보글락허게 나오니까 악취가 팍 났어, 이상했어.

이제 우리 언니 사촌 시아주버니가 병원에, 그때 의사는 아니라도 무슨 일로 다녔는지 소독약을 사 갖고 와서 뿌리는 거라. "아이, 속솜들 헙서, 속솜들 헙서.(조용히 하세요) 아무 일도 없는데 팬히들 말하니까 냄새나고 헙니다." 하면서 소독약을 이렇게 뿌렸어.

그날 한 할머닌 우리 어머니하고 철리(이장)했어. 보니깐 어디 할망(할머니)인지 모르는데 보니까 신체가 없었어. 전부 썩어버렸어. 같은 장소에도 자리가 좋고 궂은 데가 있는 모양이라. 한 서너 달만에 갔는데도 뼈만 남았더라. 전부 거멍 했어(거멨어).

　그때 생각했어. 사람은 죽어도 말은 못 하는데 귀는 터 있구나. 말은 못 해도 귀는 말하는구나. 이제 이장하러 가면 사람들이 말들 하는 게, "어머니 아버지 곱게 돌아가십서, 좋은 자리에 갑서." 하는 게 바로 그거라. 말을 하면 시신은 다 썩어버려도 다 알아듣긴 한다는 거지.

가족묘지 이장,
어머니 머리에서 탄피

　40년 전에 우리 집 가족공동묘지로 이장을 하루에 다섯 분을 했어. 부모님, 시신 없는 작은오빠, 초등 4학년 때 죽은 언니, 아주 어린 때 죽은 언니, 다섯 자리를 하루에 이장할 때라. 그때 어머니 시신에서 뭔가 '도글락' 소리가 났어. 어머니 두상에서 탄피 이만한 것(필자: 가운뎃 손가락 크기)이 나왔어. 총을 앞으로 맞고 뒤로 나온 거라. 총알을 보면서 이장하던 사람이 "아, 거 자손들 머리가 이젠 시원하켜, 시원하켜." 했어. 장의사들이 자손들 머리 안 아파서 시원하겠다 했어. 아이고, 우리 어머니 그렇게 머리에 총을 맞았던 거라.

작은오빠 만나러
주정공장 찾았으나 면회 못해

　작은오빠 소식을 어디서 들었어. 오빠가 함덕지서에 있다가 함덕 네커리(사거리)에 왔다는 거라. 뛰어나가보니 사람들 한 스무명하고 밧줄로 손목 묶여서 주정공장으로 가는 걸 봤어. 며칠 있다가 난 고구마 삶아서 초신 신고 주정공장에 갔어. 우리 언니 딸, 나하고 네 살 차이나는 큰 조카 데리고 면회 같이 갔어. 가니까 그 안으로는 못 들어간다는 거라. 그때 아는 사람이 물지게 지고 나오면서 말했어. "너네 오빤 아파서 못 나온다."고. 그래서 그 어른들한테 그 고구마를 술째기(몰래) 드렸어. 그 어른들, 고맙게 먹었어. 내가 "미안하지만 우리 오빠 이거 좀 줍서."했어. 근데 거기 순경이 섰다가 안 된다고 그걸 빼앗아 확 버렸어. 오빠 얼굴도 못 보고 나중엔 육지로 실어 갔다는 소식만 들었어.

함덕 올케네 사돈집 밖거리에서 살아

4·3으로 부모도 없으니 난 언니랑 조금 살았어. 그때 우리 언니가 나하고 살면 배고플 거니깐 올케한테 가서 살라는 거라. 올케는 그때 친정 밖거리 살았어. 난 "언니, 올케도 친정에 사는데, 어떻게 내가 사돈들 있는데 같이 삽니까?"했어. 언니는 그래도 밥은 밖거리서 따로 해 먹을 거 아니냐는 거라. 언니하고 살면 쌀도 없는데 어떻게 굶으면서 사느냐는 거지.

그 말을 듣고 보니 밥을 얻어 먹으려면 올케네 집에 가야 할 거. 사돈들 보민(보면) 눈에 날 거. 이레저레(이리저리) 고민이었지. 그래도 갈 데라곤 함덕 올케한테밖에 없었어.

올케도 친정집 밖거리에 살았어. 거기 같이 살면서 조천국민학교 다녔어. 아침에 걸어서 조천 학교까지 가는 거라. 학교에 갔다 오면 발이 탱탱하고 눈물만 나오는 거라.

이젠 졸업을 하게 되니까, 담임 선생님이 불러. "야, 민규야, 너 중학교 가야 하는데 어떵할 거니?" "누가 시켜 줭 갑니까?" "너희 어머니, 너희 아버지 살 땐 너 대학 시키겠다 했어. 너네 올케가 중학교에 안 시켜줄까?" 했어. "아이고 선생님 말만 헤도 고맙수다. 나 자신 엇수다." "알았다." 하는 거라.

선생님은 나 모르게 우리 올케한테도 갔어. "아주머니, 저 민규, 중학교 보내야 하는데 어떡합니까?" "선생님, 어디 저 나가 중학교 보낼 자신이 잇수과" 했어.

"삼촌하고 살 때 민규 대학교 시키겠다고 했었는데 그거 모릅니까?" 선생님이 말하는거라. 올켄 "그것도 압니다만 내가 무슨 자신으로 중학교 시킵니까?" 하는 거라.

선생님 하는 소리가, "그러면 내가 부탁할 건, 교복하고 먹을 것만 당하세요. 이제 등록금 같은 건 내가 당해서 민규 공불 시키쿠다." 했어.

그땐 제주시 와야 중학골 할 거니깐 "방세는 어떡합니까?" 한 거지. 선생님이 그 말에는 대답을 못한 거야. 선생님도 그거 저거 자신 없다고 안 한 거라. 이젠 나 어디 갔다 오니까 우리 올케가. "너 무슨 생각으로 선생한테 중학교 보내달라고 하러 갔다왔냐?"는 거라.

난 또 선생님한테 가서 "선생님! 뭐 하러 우리 올케한테 가서 그랬습니까?" 선생은 "난 삼촌이 살았을 때 너를 대학까지 시키겠다고 했던 것 때문에 그런 거다. 어느 정도 중학곤 보내줄 줄 알았다. 내가 쌀하고 교복만이라도 당해 달라고 했다. 오죽해야 내가 그렇게 말하느냐"고 하는 거야. "아이고 선생님, 그런 건 고맙습니다만, 내가 얼마나 욕 들었습니까." 했어. 선생님이 나 홀목(손목) 잡고 막 울면서 "아이고 미안하다, 미안하다." 하는 거라. 잊을 수가 없어.

사촌 오빠가 선생님이었어. 근데 내가 학교가면 사촌 오빠가 날 보려 하지 않는 거야. 마주치면 내가 울까봐서. 내 책이 4·3에 다 불에 타버렸잖아. 한번은 숙직실에 가보니 사촌 오빠가 있었어. "나 와수다."하니 "무사?" 하는 거라. "오빠 책 다 불타버리니깐 나 어떵 허코?" 오빤 고개만 돌리고 눈물만, 눈물만 흘려.

나중에 나한테 책 몇 권을 갖다줬어. 그 오빤 선생이라도 날 마주치려 하지 않았어. 울어져서. 눈물 보일까 봐. 불쌍해서 말 한마디도 안 해보고.

아버지가 대학까지 시켜주겠다 했는데. 공부를 더 하지 못한 것이 지금껏 한

이야.

 그 눈물짓고, 사돈들 그 눈칫밥 먹고 산 생각하면 어이가 없지. 조천국민학교를 10여 년 만에 졸업을 했어(1950년).

여름방학에
조팟 검질메면서 눈물만

 여름방학이었어, 사돈칩에 나하고 같은 또래가 막 "어멍, 어멍" 홈세 해가면(어리광부려가면) 난 막 울음만 났어. 사돈네 식구랑 한 평상에 앉는 거라. 우리 식군 조카 셋에 올케, 나 하면 다섯. 밥은 따로 해도 그 사돈네 큰 부엌에 가서 같이 국을 끓여 먹었어.

 그 시절엔 フ레(맷돌)에 보리 갈아서 호박잎국에 보리ᄌᆞ베기(수제비)하고 무생기리(무말랭이) 지져서 먹는 게 전부였어. 그땐 여름방학 때니깐, 뒷날 새벽엔 1시간 걸어서 저 웃드르 '진머르'까지. 사돈네 조팟 검질메러 가는 거라. 가자고 하면 이젠 안 갈 수도 없잖아. 아침에 갈 때면 그 사돈은 밥 먹기 싫다고 안 먹으면 올케는 나한테, "야, 밥 먹어야 밭에 갈 거여." 해. 전날 밤 먹던 보리ᄌᆞ베기 차롱(채롱)에 덮었다가 아침에 먹으려면 석석 해서(차가워서) 먹기 싫어도 살아보려고 그걸 먹었어.

 사돈네 조밭에 가서 세불 검질(세벌 김)을 매다 조에 삭삭 손이 긁히면 눈물이 드륵드륵. 안 울려고 해도 울어지는 거라. 내가 무슨 죄를 지어서 어멍 아방 다 잃고 사돈네 밭에 와서 이런 조밭 검질을 다 매고 있나. 눈물도 나고, 일하고 싶은 마음도 없어지고. 사돈도 나를 히뜩히뜩 보는 거라. 나도 사돈을 히뜩히뜩 보고.

 거기 오라버니네 밭에 와서 검질 같이 매주던 올케언니 고모가 "아이고, 저 사돈은 검질메는 것도 솔짝솔짝 메곡. 아이고 착혜라, 골갱이(호미) 소리도 안 나게 솔짝솔짝 검질멤저(김매고 있네)." 하는 거라.

한번은 저물어가는데 몸이 박박 떨리는 거라. 그 사돈집 뒷마당에 누워있는데 사돈집 며느리가 장독대를 보면서 사돈이 박박 털고 있다고 해서 올케를 데려왔어. 올케가 스님처럼 염불 잘하는 사람을 데리고 왔어. 그 사람이 이불 덮고 다리 주물러주고, 염불해서 살아나기도 했어.

결혼 전에 선흘곶에 가서 나무하고 등짐 져 오고, 삭다리(삭정이)해다 불 때고 하는 건 아무 일도 아니었어. 다들 했던 일이잖아. 근데 난 열다섯까지 밥도 하지 말고 물도 길어오지 말라고 했던 딸이라 철이 없었어. 그러니 결혼해서 억새 비러(베러) 가도 제대로 벨 줄 모른다고 시누이가 웃었어.

해녀일은 잘 못하고,
탕건은 일등이라

그땐 친구들이 해녀질 하니까 나도 돈을 벌어보려고 했어. 친구 엄마한테 "테왁 하나만 구해줍서." 했어. 신흥바닷가니까 나도 어린 때부터 헤엄은 잘했어. 테왁을 해줬어. 물에 들었는데 내가 가는 덴 미역도 없는 거라. 한 줌 반밖에 못 한 거라. 서너 번 물에 들어도 잘 못해. 몇 번 해보다가 이거 아니면 내가 못 살겠나 하는 생각에 때려 치웠어. 친구들은 잘하더라. 우리 언니 딸이 "이모, 듬북(거름용 모자반) 있는곳을 보면서 해야 해." 웃는 거야. 그 조카는 어린구젱이(소라)도 잡고 워낙 잘했어. 여든넷인데 지금도 함덕에서 해녀 하고 있어.

해녀는 못해도 탕건은 일등이야. 화북 할망이 "니 탕건이랑 나한테 주라." 했어. 어린 때 올케가 우리 집에서 탕건을 했어. 올케가 물 길러 가버리면 내가 탕건을 했어. 탕건하려면 같은 총으로 해야 돼. 총이 고르지 않으면 돈을 안 줘. 시집가서도 아기 흔들면서 탕건 했어.

  탕건을 할 땐 기분이 좋아. 함덕서 친구들하고 등피불에 밤새며 탕건을 했어. 탕건골 있어. 갓 아래 망건을 쓰잖아. 제일 먼저 쓰는 게 탕건이야. 탕건은 두 개 할 때도 있고 한 개 할 때도 있어. 엉근탕건은 80줄 한 장에 두 개를 하고 장에 팔러 가고. 좁진(가는)탕건은 120줄이 한 개야. 결혼해서도 탕건은 했어. 봉개서 오일장 가려면 일이 엉그락져서 갔다오면 다리가 뻣뻣해지는 거라. 우리 시누이가 그까짓 걸음 하고 아파한다고 놀렸어.

조카들,
큰오빠 있는 일본으로

  우리 올케는 일본 큰오빠한테 아들부터 보냈어. 나중에 딸 성제(형제)만 나한테 맡겨두고. 올케도 일본을 가버렸어. 내가 올케하고 살 때 내 등에 업어서 키운 조카들이야. 그때 우리 조카 하나는 중학교 2학년 때야. 아이고, 그땐 짐을커(땔감)도 없었어. 그 조카가 "아이고, 고모는 우리 덕분에(때문에) 짐을커도 많이 들고, 물도 많이 들고, 쌀은 우리 먹여 살릴라고 놔두고 갔지만 짐을커도 반찬도 있어야 하잖습니까." 하는 거라.

  그 조카가 학교 갔다 오면 "고모, 나도 짐을커 하러 같이 갈게. 나 고모 보니 막 미안허여. 우리 때문에 짐을커도 많이 들어가잖아." "기여, 혼저 글라(그래, 빨리 가자)." 했어.

  근데 얼마 없어 일본에서 큰오빠가 중학교 다니는 두 딸을 데려 가버렸어. 지금은 오빠도, 올케도, 나 등에 업어 키운 조카들 일본서 결혼해 살다가 다 돌아가셨지. 조카도 일본서 가방공장엘 다녔어. 할아버지 닮아서 손재주가 있다고 했던 아이야. 우리 올케도 시절 잘못 만나 고생만 했어. 올케가 내 엄마 역할을 했던 거지. 아이고, 사는 거옌 살앗주(사는 거라고 살았지).

스물한 살에 결혼

올케가 하도 붙임성이 좋은 사람이어서 날 달랜다고 같이 살다보니 이젠 시집인가 돈집인가 보낸 거라. 어멍 아방 없는데 시집은 갔어. 남자는 얼굴도 안 봤어. 스물하나에 갔어. 나하고 올케하고 선흘곶 나무하고 오는데 그 남자 누나하고 날 보러 온 거라. 폭낭 위로 올라가 나를 보려는데 난 집으로 쓱 들어가 버려서 얼굴도 못 봤을 거라. 근데 그 누나는 날 본 모양이라. 부잣집이긴 했지만 그렇게 가니깐 하도 설움만 올라오는 거라. 그 사람(남편)은 우리 어머니 아버지 제사 먹으러도 안 오고.

스물한 살이었어. 5월에 시집을 갔어. 그 사람은 10월에 군인을 갔어. 난 속으로 '아이고, 잘 됐구나. 군인 가불언 잘 됐구나.' 했어. 시어머니 혼자만 살 때야. 딸 애기를 낳았어. 난 무조건 마음이 편안해야 살아질 거 같았어.

"콩 어디 갔냐"
오해 받고 친정으로

시어머니가 나한테 못 할 말을 했어. 내 손을 잡고, "저 사람 이리 와봐." 고팡(곳간)으로 데리고 가는 거라. "무사마씸?" "여기 이 콩이 어디 갔나? 이거 어디 가서 팔아먹었나?" 하는 거라. "아이고, 거 무슨 소리꽈? 나 고팡에 다녀 본 적도 없수다." 했어.

시어머닌 혼자만 사니깐 큰 솥에 보리쌀하고 좁쌀을 담아 놔두는 거라. 근데 시어머니가 그냥 나 손을 잡아서 "이 콩이 다 어디갔냐." "아이고, 난 콩 있는 줄도 모르는데 무슨 소릴 헴수과?" "네가 어디 가서 콩을 팔아먹었지?" 하는 거라. 이 구덕(바구니)으로 하나 있던 콩이 다 어디 갔냐고. 그러니 내 오장이 뒤집어졌어. 난 고팡에 다녀 본 적도 없는데 무슨 말인가 싶은 거지.

이렇게 날 도둑으로 취급하면 못 살겠다고 했어. 그러니깐 시어머니도 아들 없는데 내가 나가버리민 아들한테 야단 맞을까봐선지 줌줌(조용)하는 거라.

그날 제삿날인데도 국 한 숟가락도 애기 곧 낳은 며느리하고 아기한테 먹으라고도 주지 않았어. 이젠 내가 이 집에 살면 시어머니한테 '도둑년' 말 듣고 살아가게 될 것 같았어. 어떻든 내가 이젠 이모님을 찾아가야지 했어. 올케는 저 친정에 있고, 언니는 못 살아서 먹을 것도 없고, 이모한테 찾아갔어. 새벽에.

저 이모네 집이 신촌이야. "나 아무리 생각해도 시집에 못살쿠다." "거 무사?(왜?)" 했어. "난 고팡에 다녀 보지도 안했는데 콩이 없어지니까 나한테 콩 갖다가 팔아먹었다는 거우다." "건 무슨 소리고?" 이모님은 놀라는 거라.

밥 얻어 먹으며 살려고 하니깐. 이젠 이모님도 울고 나도 울어. "아이고, 족은년아, 네가 이렇게 살 줄 누가 알았냐. 나하고 같이 밭에 가고 싶으면 가자." 하는 거라. "나 이모님네 밭에 안 가는 날은 이 애기 맡아주면, 나 남의 검질이라도 매면서 생활하며 살겠수다." 했어.

오소리가 먹은 콩
오해 풀려

한 사흘 살았어. 살다보니 어느 새벽이야. 문 열어 보니 우리 시어머니야, 근데 시어머니가 아무 말도 없이 애기만 확 등에 업고 그냥 나가버렸어. 할 수 없이 나도 이젠 같이 따라갔어. 아무 말도 안 하고 가만 있으니깐 밥해서 "밥 먹으라"는 거라. 그 밥을 먹었어. 먹으니까 아무 소리도 안 해. 이젠 그냥 속솜한 채 얼마 살았어.

　근데 시누이, 시아버지가 착한 사람인 모양이야. 그러니까 사돈이 되는거지. 그 사돈이 창곰으로 오소리가 들어서 콩을 다 먹어버린 거라고 하는 거라. 그 사돈님도 시어머니가 막 잘못했다는 거라. "난 아직까지 부모 없이 살아도 그런 음흉한 짓은 한 적 없다"고 했지. 우린 함덕 막 한끝집에 살았어. 오소리가 돌아다닐 만한 곳이야. 시어머니가 그때야 아이고, 나가 잘못했구나 해서 반성을 한 거라. 이젠 아무 생각 없이 그 집에 사는데 남편이 와서 또 못 할 말을 하더라고. 도저히 더 이상 살 수가 없었어. 그때부터 애기데리고 집을 나와 친정 올케한테 가버렸어.

친정으로 돌아와 홀로서기

　"나 며칠만 이 집에서 밥 먹겠수다." 했어. 방이 나오면 따로 살겠다고. 난 시누이한테 전부 저 고팡 열쇠도 맡겨두고 와버렸다고 했어. 우리 올켄 너 그러면 안 된다고 했지. 올케한텐 속엣 말을 다 못했어. "아이고 그런 일이 있어요." 만 했어.

　며칠 있으니 우리 친정 언니네 밖거리 있었는데 비었어. 난 그 집을 빌리겠다고 했지. 친정 동네 어른이 너 시집 갔다는데 어떻게 여기 왔냐고. 애기 데리고 어떻게 살려 하냐고 걱정하는 거라. 난 굶으면서라도, 동냥질 하면서라도, 방만 빌려주면 살겠다고 한 거야. 방 빌려주는 건 문제가 아니라고. 난 내 역사를 다 못 닦겠다고 방만 빌려주라고 했어.

　내 친구가 있어. "야 옥자야, 나 시집 말안 왔저." "아이고 무사?" 사실 말은 안 하고 난 밖거리에 엿장수가 살던 저 엿장수한테 헌 솥이라도 있으면 날 달라고 하라고 부탁했어. "야 너 그 정도냐?" 그 친구 어머니가, "아휴, 이 설룬 애기야, 어린 때 4·3사건에 어멍 아방 죽고 시집도 그리 가서 애기 데리고 오면 어떻게 살 거냐?" 하는 거라. "저 우리 집 저 조그만 솥새끼 하나 있어. 거 갖다가 밥 해 먹으라" 하는 거라. 그 친구 어머니가 밥도 줬어. 난 고물냄비 갖다가 이젠 두 개 놓고 밥해 먹는 시늉을 했어. 시어머니가 며칠 있다가 찾아와서 가자고 해도 가지 않았어. 사연을 다 말 못해.

큰언니

　큰언니는 나하고 나이 차가 스물은 넘어. 우리 언니 함덕에 살았는데 못 살아서 내가 시집갈 때 뭐 해준 것도 없어. 난 언니네 아이들 시집갈 땐, 궤도 해 주고, 옷도 해 주고, 다 해 줬어. 그 시집 말고 돌아오니 먹을 거 없었어. 우리 형부가 돌아가셔서 언니네 집에 일할 사람이 없어. 언니 불쌍해서 일해 줬어.

　남의 집은 그때 하루 일하면 보리 한 말을 줬어. 언니네 집은 가서 보리 베어 주고, 묶어 주고, 홀트고(훑고) 장만해줬어. 그래도 하도 못 사니깐 언니가 보리 한 말 내게 주지 않았어. 내가 섭섭했지. 애기 하나 데리고. 그만큼 먹고 살기가 힘들었던 때야. 언니도 4·3사건 터지니 어머니 피신해 오지, 마음 고생 많았을 거야. 아휴, 다들 사난 살았주.

운명적인 재혼

　나도 몸도 아프고 그 사람(재혼한 남편)도 아프고 할 때 서로 만나게 된 거라. 1961년도야. 나도 오빠 따라 일본을 가려고 막 수속 밟고 있었어. 그때 종달리 타불교라고 해서 '아미타불 아미타불' 스스로 깨치는 종교가 있었어. 열심히 거기 법당에서 공부하게 됐어. 그때 조카들이 일본을 가게 되니 나도 일본 가게 해달라고 소원 빌었어. 그때 함덕 그 보살 할망이 막 신 받은 사람인데, "너 어디 갈래? 일본 가면 절대 안 된다. 안 된다" 하는 거라. 그때 그 보살 때문에 그 사람을 만났어. 그 사람 누이가 와서 거기 나오는 어머니한테 말한 거라. 그 사람도 막 나하고만 살겠다고 하는 거라. 그 사람도 결혼했었는데 딸 하나 낳고 헤어져버린 사람이라.

난 그 사람한테 말했어. 나한테 이 애기가 귀한 딸인데 자기 딸로 생각해서 학교라도 시켜줄 자신이 있냐고. 그 장담은 딱 못하겠다는 거라. 자기도 못사니까. 그때 닥쳐서 내가 능력 있으면 학교 시킬 거고, 능력이 없으면 못 시킨다는 거야.

난 그래도 안 가겠다고 했어. 중매자가 아이고, 저렇게 얌전한 사람한테 왜 안 가려하냐고 하는 거라. "헤어진 사람도 원인이 있으니 헤어졌을 거 아닙니까. 나 안 가쿠다 안 가쿠다." 했어. 난 이 애기 때문에 사는 사람이니까 결혼 안 한다고. 그래도 막 사정을 하는 거라. 그냥 결혼만 하자고. 그 중매자들이 저 사람 얌전하니까 저 사람하고 살면 고생 안 한다고 적극 권했어. 열 번 찍어 안 넘어가는 귀가 있는가. 자꾸 와서 사정하니 봉개 시집을 갔지.

스물하나에 처음 결혼해서 일 년도 못 살고, 스물아홉에 재혼한 거라. 재혼한다니까 일곱 살 딸은 시어머니가 데리고 갔어. 딸은 지금 서울 살아. 거기서 공부도 하고 결혼할 때 내가 이불이랑 전부 해줬어. 딸은 엄마 인생 잘 이해해주고 나한테 잘 해. 이제 예순일곱 났어.

정말로 시집에 가보니 아무 것도 없어. 남편도 처음엔 막 부자였다고 해. 그 부인도 못 살아가니까 딸 하나 데리고 나가버린 거 같아. 남편 딸도 이젠 일곱 살 되니까 내가 데려 왔어. 초등학교 졸업하고, 고등학교까지 내가 시켰어. 우리 시누이가 서울 사니까 거기 갔어. 고모하고 일하다가 거기서 시집가서 잘 살지. 남편 데리고 온 딸도 잘 해. 내가 자식 복으로 살아. 난 자식 복이 있어 이렇게 살지. 봉개 시집에서는 시어머니도 며느릴 잘 이해해 줬어.

봉개동 유일 텔레비전,
연속극 '아다다' 보러 바글바글

　남편은 나하고 살면서 제주시 주정 공장엘 다녔어. 공장에 다니게 되니까 제주시 동문통으로 이사를 왔어, 작은 아들을 낳았지(1966년). 이제 그 주정 공장 직원이 외항선을 타게 됐다고 하는 거야. 그러니 남편도 같이 외항선을 타게 해달라고 말하는 거라. 그 직원이 수속을 밟아줘서 이제 남편도 외항선을 탔지. 1967년도야. 그땐 돈이 없으니까. 내가 사촌 언니한테 돈을 800만 원 빌렸어. 그 언니가 고맙게 빌려준 거라. 매달 5푼 이자 할 때야. 내가 그 이자 갚느라 엄청 고생했어.

　그때 남편 첫 월급이 80만 원 할 때라. 다시 아이들을 데리고 봉개동에 올라와 살았어. 남편이 배 타면서 중고로 보내준 전축, 텔레비전이 우리 집에 왔어. 그거 있는 집이 우리 집 뿐이었어. 전기가 들어오니까 행사장이나 학교에서 전축을 빌려가고. 그땐 '아다다' 드라마가 인기였어 그 연속극 보려고 우리 집 마당이 다 영화관이야. 어른 아이들 다 들어와서 보는 거라. 마당 보릿짚에 똥 싸고 가는 아기도 있더라.

고생한 어머니에 답하는 자식들

　차곡차곡 살다보니 빚도 다 물고, 집도 사고, 과수원 밭도 사게 됐어. 이젠 새 부자가 되어 잘살게 된 거지. 4·3에 부모 죽고 혼자 남아 잘도 살았구나 생각해.
　내가 봉개 살 때 친구가 우연히 우리 남편을 만나 우리 집에 왔던 일이 있어. 그 친구가 "너네 아버지 마음 좋아서 없는 사람 밥 주고 했는데. 그래서 네가 잘사는구나." 하는 거라. "나 우리 어머니하고 너네 집에 총 사러 가면 그 흐린 좁쌀(차좁쌀)에 팥 놓은 밥하고 자리젓 주면 하도 맛 좋게 먹었어. 그거 지금도 입에 단 맛이 있는 거 닮아." 하는 거라. 그 친구도 이젠 죽었어. 아기도 낳지 않고. 그 친구도 올케하고 살았어. 이름은 이길자.

그런데 사는 게 뭐야. 잘살게 되니까 남편은 암 걸려 70대에 먼저 저 세상 갔어. 그래도 아이들이 나 살아온 것 잘 알아서 우리 때문에 고생했다고 정말 나한테 잘 해.

친정 엄마가 없으니 내가 서른셋에 애기 낳고 언(찬) 물에 손을 담그는 거라. 그땐 집집마다 저 수도가 있었지만, 새벽에 공동 수도에 가 열 지어 물 떠다 일을 했어. 물 긷다가 그 찬 기운이 뼈에 다 들어오니 뼈가 상해서 병이 났어. 큰아들 초등학교 3학년 때 내가 그 서른셋부터 기면서 다녔어. 그때 낭불(장작불)로 밥 지을 때라. 도시락 네 개를 싸주려면 큰아들은 "난 마농지(마늘장아찌)에 보리밥이면 좋수다. 시간 없수다." 하면서 마음을 써줬어. 그렇게 엄마한테 잘했어.

어려워도 아이들 키울 때가 좋았어. 난 제주시 부녀회 연합회서 총무도 7년이나 하고, 활동도 많이 했어. 이젠 서울 사는 딸들도 다 마음 써주고, 큰아들, 작은아들, 딸, 며느리, 손자 손녀 다 나를 위해줘. 내가 복을 다 받고 있어. 그래도 4·3사건 생각만 하면 이제도 슬픈 거라.

행방불명 작은오빠
흔적 찾아 육지 형무소로

부모님은 그리 돌아가셨고, 행방불명 작은오빠 찾으러 내가 육지를 몇 번이나 갔다 왔어. 가는 데마다 전부 주소 적고 왔어. 육지 형무소 처음 갔을 땐 데 마음 약한 사람은 들어가지 말라고 했어. 물이 많으니까, 그래도 들어갔어. 하도 눈이 벌겋게 뼈다구라도 봐야 하지 해서 들어갔어. 물이 자박자박 이만큼 올라와. 좁은 구멍으로 한 사람씩 들어가 보는데 구석에 뼈가 이만씩 있는데

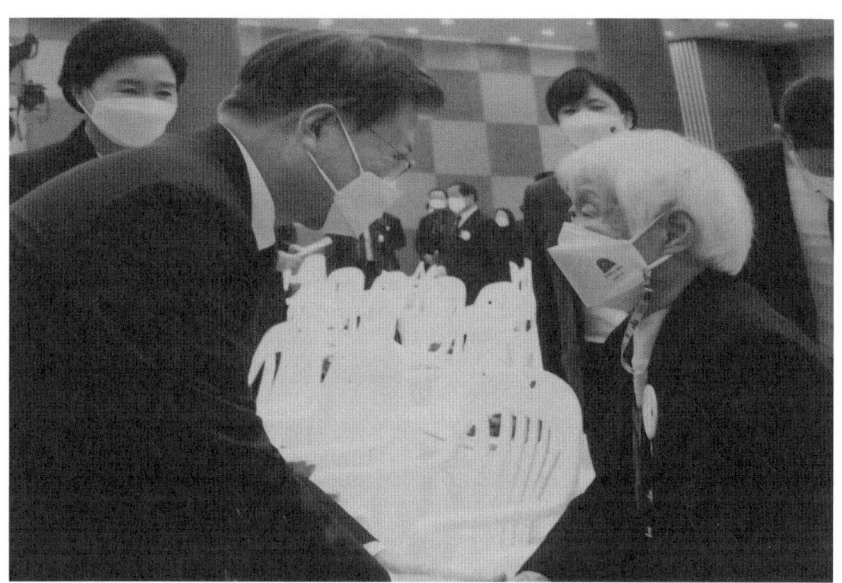

제73주년 4·3희생자 추념식에 참석한 문재인 대통령과 악수하는 손민규.

짓누렁했어. 여기가 학살터라는 거야. 내가 "오빠" 하면서 탁 엎어졌어. "아이고, 정신 차립서, 정신 차립서." 소리가 났어. 또 어떤 사람은 "아버지" 하면서 탁 엎어지는 거라.

어떻게 저기 한 군데만 쌓였냐고 하니까 저기 위로 총 맞고 이만큼한 구멍으로 세워서 떨어지면 앞으로 떨어지니까 저렇게 쌓였다는 거라. 세 번째 갔을 땐 그 자리에 다 집을 지어버렸더라. 거기서 모래 한 줌씩 갖고 와서 함덕초등학교에서 제지내고 모셨어. 나중엔 주정 공장에 가서 모시고 굿을 했어. 사흘 만에 4·3공원 가서 모셔서 표석 세우고.

내가 육지 갈 때 공항에서 4·3 회장 김두연 어른이 작은오빠 어디서 죽었는지 모른다고 하니까 한번 찾아본다고 해서 나중에 말해줬어. 50년에 7월 23일~29일 사이에 저 부산 형무소에 가서 학살됐다고 대장에 적혀있다는 거라. 그게 확실한가 아닌가도 모르지만 그 어른이 고맙지.

고모 "행방불명 동규 왔구나"

우리 큰오빠가 일본에서 작은아버지 포목점 일을 했었는데 나중에 거기서 교장선생을 했던 모양이야. 그 4·3 끝나서 한번은 큰오빠 아들이 찾아왔어. 그러니 우리 조카야. "누군고?" 했더니, 내가 손현규 넷째 아들이라고 해서 깜짝 놀랐어. 우리 작은오빠 얼굴을 닮아서. 막 옷도 멋지게, 시원하게 입고 왔어. 내가 조카를 작은 고모네 계신 신흥으로 데리고 갔어.

신흥 고모님이 너무 반가워서 어떻게 왔냐고. "저 현규 아들 일본서 왔수다." 했어. "아이고 동규 왔구나." 작은 고모가 막 울어. "아이고 착허다. 아이고 착허다." 하는 거라. 고모님, "이건 현규 아들! 일본서 난 아들이우다." 했어.

고모는 얼마나 동규 닮은 지 모르겠다고. 밥이나 먹고 가라 했어. 그 조카 데리고 하귀 사촌 오빠한테 데리고 갔어. 우리 사촌 오빠가 신흥집 불에 탈 때, 아버지를 밖으로 내쳐주고, 염장해주고 했던 분이잖아. 어머니도 수습해주고. 살아서 공을 갚으려면 네가 인사 가야 한다고 했어. 그 조카가 아버지(큰오빠)가 교장 선생 하니까 철마다 옷이 많다고 양복 여러 개 갖고 와 선물하고, 돈봉투 준비하고 와서 도움 준 친족들 찾아다니며 다 인사하고 갔어. 두 번이나 한국 왔었는데 그 조카도 일찍 죽었어.

작은오빠 73년만에 재심
"무죄" 선몽이라도..

우리 작은오빠는 올해 73년 만에 재심해서 무죄를 받았어. 난 판사님한테 "명예회복만 하게 해주세요." 했어, 죄가 없이 죽은 거니 얼마나 억울한지 몰라. 그래도 무죄라고 하니 기뻤어.

내가 3년 전부터 오빠한테 절하면서 말했어. "오빠 나 지금까진 오빠 계속 찾아봤지만 앞으론 몸이 불편하니 찾아보지 못하니 이해헙서예. 어느 날 죽은 줄도 모르니 꿈에 나타나서 어느 날 죽었다고 말해주십서." 했어.

작년에 한번 가니 비가 와서 표석까지 가질 못했어. 우리 오빤 열아홉에 가서 6·25 터져 죽은 거지. 거기 스물둘에 돌아가셨다고 써 있었어. 아버지 모신 곳에 오빠 이름 같이 있으니 거기 가서 절하면서 말했어. "오빠 미안허우다. 비가 와서 숨이 차서 걷지 못하고, 귀 막아서 알아듣지도 못하고, 오빠 있는 델 갈 수 없네. 여기서 오빠한테 술 한 잔 드렴수다. 어머니 아버지 오빠 다시 나 못 와도 섭섭히 생각허지 말아요. 이제 걷지 못해서 못 옵니다." 했어.

애기 날 때마다 어머니 생각에 눈물이라. 이놈의 4·3사건 때문에. 내가 왜 이런 고생을 하는고. 이제도 잠만 잘 때면 "아이고, 이놈의 4·3 사건이 나를 울렸

제73주년 4·3희생자 추념식에서 4·3유족 사연을 낭독한 손녀딸과 함께 한 손민규.

구나. 4·3사건이 나를 울렸어." 눈물나지. 그래도 내가 오래 살아 이런 세상 봤으니 얼마나 고마운 일이야. 대통령님도 만났으니 말이지.[2]

"대통령님, 4·3 고혼들 하늘나라에서 다 왓수다."

대통령님이 내 손을 잡고 뭐라 말씀을 하셨는데, 내가 귀 막아서 알아듣질 못했어. "고맙수다. 고생헤수다." 그렇게만 말했어, 집에 와서 생각하니 내가 못 알아들어도 "대통령님이 이번에 세 번째 4·3을 찾아와시난(왔으니), 4·3 고혼들이 하늘나라에서 다 날아온 거 닮수다." 이 말을 할 걸 그말을 못했어. 그게 하영(많이) 속이 상해. 지금도. 왜 그때 그런 그 말을 못 했나 생각이 나는거라.

〈구술 채록·정리 허영선〉

---

2) 73주년 4·3추념식에서 손녀가 손민규 할머니의 사연을 읽은 것을 말함.

덜 서러워야 눈물이 난다

김용렬

_1942년생. 애월읍 학원동 출신, 학원동 거주

가족
희미한 기억

　난 1942년생이라. 남편은 김영진. 1939년생이고, 같은 동네 출신. 아버지가 집에서 나갈 때가 일곱 살이었지. 아버지 김기전은 하귀 개수동(학원동), 어머니 강중윤은 수산 사람이라. 아버지는 어릴 때 상귀에서 학원동으로 왔다고 해. 나이는 동갑. 아버지가 행방불명될 때 내가 일곱 살이었어. 어머니가 열여섯 살에 시집와서 내가 일곱 살에 아버지가 행방불명됐으니까 그때 나이 스물세 살 정도 됐지.[1]

　아버지는 고성간이학교에서 공부했어. 졸업장도 있었는데 어떻게 했는지 모르커라(모르겠어). 우리 아버지는 쫄락허게(빼빼 마르게) 키만 컸주게. 한 동네

---

1) 아버지 김기전은 1948년 12월 5일 아침 일찍 외도지서에서 땔감용 나무를 구하러 가야 한다며 도시락을 들고 오라는 명령에 동네 주민들과 함께 나선 뒤 연락이 끊겼다. 아버지는 같은 해 12월 9일 군사재판에서 무기징역형을 선고 받고 목포형무소에 수감됐으나 행방불명됐다.

살았던 우리 할머니 남동생이 막 컸거든. 할머니도 커서 그런지 아버지도 키가 컸지. 아버지는 줌상(다정)했던 것 같은데 어릴 때였고, 그 뒤에는 안 계셔서 잘 모르겠어. 어머니는 야학을 다녀서 이름 정도는 쓸 수 있을 정도야.

먹고 사는 거는 부지런하니까 살았어. 4·3사건 전에는 잘살안(잘살았어). 할아버지는 4·3사건 일어나기 전에 돌아가셔서 집에는 가족들만 살았지. 안팎거리(안·바깥채)가 있었주게. 밖거리에는 쉐(소) 매고, 한쪽에는 방 하나 꾸몄어. 우리 아시덜(동생들)하고 있었는데 젊은 총각이 아기 봐주고 했어. 그 오빠는 말 먹여주고 하는 사람인데 동네 사람은 아니야. 한 열댓 살 난 것 닮아. 아기 봐주고 하니깐 어머니네가 밭에 가버리면 나는 그 오빠 조름(뒤)에만 졸졸졸졸 쫓아다니고 했지. 4·3사건 나니까 없어져 버렸어.

어머니 아버지는 조, 고구마, 보리도 하고 나룩(벼) 농사도 했어. 나룩도 우리 먹을 정도는 했었어. 그걸 갈면 식게(제사) 때나 아픈 때 먹고 했주. 일곱 살이라도 아버지가 가부난(끌려가서) 내가 맏이어서 농사짓고 일 다 했지.

"모르쿠덴 허라"
고팡에 숨은 아버지

아버지가 외도지서에 갈 때는 집이 불에 안 탈 때였어. 아버지가 가기 전에도 낮에는 하귀에서 순경들이 올라와서 "어디 가시니?"하고, 밤에는 위에서 내려와서 "쌀 내놓으라"고 하니까, 밤에는 곱고(숨고)….

고팡(고방)에 항(항아리)이 줄줄이 있었어. 우리 아버지는 키가 홀쭉하다고 했잖아. 그래서 항 트멍(틈)에 가서 누우면 누가 조사와도 몰라. 어머니가 아버지한테 하는 말이 "자의만 엇인 때 들어갑서.(용렬이만 없을 때 들어가세요.)" 했어. 내가 소도리(소문) 해버릴까 봐 그런 거지. 우리 어머니는 나한테 "누게 오민 모르쿠덴 허라. 너는 하간 거 잘 곧아부는 아이난 모르쿠덴 허라. 아버지 어디 싯젠 허민 심어가 분다게. 질레서 막 총 쏘앙 사람덜 죽여불엄젠 헴시녜."(누가 오면 모르겠다고 해라. 너는 모든 거 잘 말해버리는 아이니까 모르겠다고만 해라. 아버지가 어디 있다고 하면 잡아가 버려. 길가에서 마구 총 쏴서 사람들을 죽여버린다고 하잖아.)

한번은 동네에서 놀면서 서쪽을 보니까 위쪽에서, 수산 쪽에서 허리춤에 베줄(밧줄)에 묶인 사람들이 잇샤 잇샤하면서 내려오는 게 보여. 4·3사건 나는 해라. 위에서 내려오는 사람들이 누군지는 모르지만 잇샤 잇샤하면서 내려오는데 한 열 명은 더 돼 보였어. 베를 꽉 묶지는 않고 에워싸서 한 줄로 줄줄이 내려오는 거야. 옆에서 걷는 사람들은 순경 옷을 입지 않고, 그냥 일반 옷 입었더라. 오전 10시 조금 넘었을 거야. 내가 어머니한테 뛰어와서 "저기 잇샤 잇샤 허멍 내려왐십다." 하니까, 어머니가 "아이고, 못 본 척허라게. 보민 쏘아분다게. 못 본 척허라게." 하면서 나를 단도리했주. 그때는 아버지가 집에 있었을 때야. 그때는 농사 거둘 때는 아니고, 조하고 나룩은 조금 뒤에 끝났주게.

"낭하러 나오라"
아버지의 행방불명

아버지가 집에서 나갈 때는 외도지서에서 벤또(도시락)를 싸서 나무 하러 오라고, 지서에 다 모이라고 한다고 했어. 외도지서에서 부른다고 해서 간 거라. 옛날은 출역이라는 게 있었주게. 동네 길도 닦으라, 무슨거 하라 하는 식으로 관에서 시켰으니까 무슨 일하라고 부르는가 했지, 어디로 보내버릴 거라고는 생각했겠어? 그래서 갈 때는 헐지 않은 갈중이(갈옷) 입고 갔다오겠다고 나간 게 끝이주게. 갈중이 얇게 입고 아침 인칙(일찍) 나갔어. 한 8시쯤이

나 나간 것 같아.

궁금해서 어머니한테 들어봤는데, 어머니는 "야의는 무신거 알아보젠만 막 허는 아이. 좀좀허라! 경허당 누게 왕 어디 가시니 허민 어떵 니 알아지커냐? 외도지서에서 오렌 헹 감시녜게. 벤또 쌍 낭허레 오렌 헴젠. 다덜 낭 강 헤와사 헐거옌 헴젠 허난 가시녜."(이 아이는 뭘 알아보려고만 하는 아이야. 잠자코 있어. 그러다 누가 와서 어디 갔느냐고 하면 어떻게 네가 알 수 있겠니? 외도지서에서 오라고 해서 갔어. 도시락 싸서 나무하러 오라고 한다고. 다들 가서 나무 해와야 할 거라고 한다고, 그래서 간 거야.)

동네 사람들도 누가 갔는지 몰라. 반에서 돌아다니면서 오라고 했다고 하니까 그런 줄 아는 거지. 큰외삼촌도 아버지와 함께 지서에 갔는데 돌아오지 않았어. 큰외삼촌도 육지 형무소 가서 편지를 보내 왔는데 돌아가버렸지. 아버지가 외도지서에서 다른 데로 끌려갈 때는 보지 못하고, 누가 말하는 걸 들었어. 외도지서로 다 오라고 하니까 거기 있다가 싣고 갔다는 거야.

'어디 강 죽여분 생이여'
어머니의 애타는 심정

저녁이 돼도 아버지도, 동네 어른들도 돌아오지 않으니까 수군수군했지. "몰아당 어디 강 죽여분 생이여, 저디도 내창에서 죽여불엇젠 헴저. 저디도 죽여불엇젠 헴저."(끌고 가서 어디 가서 죽여버린 것 같아. 저기도 냇가에서 죽어버렸다고 해. 저기도 죽여버렸다고 해.) 어머니가 그렇게 말했어.

우리 어머니는 저녁이 돼도 아버지가 돌아오지 않으니까 무뚱(마당)에서 왔다갔다 왔다갔다 하면서 안절부절했어. "어디 강 죽여분 생이여. 죽여분 생이여."(어디가서 죽여버린 것 같아. 죽어버린 것 같아.), 그 말만 했어. 아이고~.

그래도 함부로 밖에 나다닐 수 없었어. 이상하게 생각할 거잖아.

동네 사람들도 마찬가지야. 지서에 찾으러 가지도 못했고, 갈 수도 없었어. 아기들이 매달리니깐 가지도 못했주게. 어머니는 아버지가 돌아오지 않아도, "어디 강 듣느니? 어디 강 듣느니? 이 아기들광. 어디 밖이 강 소문이라도 듣젠 허민 들어지커냐? 우는 것덜 재왕."(어디 가서 듣니? 어디 가서 듣니? 이 아기들 놔두고. 어디 밖에 가서 소문이라도 들으려고 하면 들어지겠니? 울어 제끼는 아이들 잠재우고.)

어머니만 나가려고 하면 어린 서오누이가 바짝 따라가겠다고 할 거니까 나가지도 못한 거라. 막내는 안아서 다니니까 그렇지만. 우린 어머니마저 도망쳐 버릴까 봐 걱정했주게. 그렇게 그 시절을 보냈어. 그때는 누가 나갔는데 오꼿 허게(무작정) 죽여버려도 소식을 듣지 못할 때여서 모두 집에만 가만히 있었주게. 무서워서.

"훈저 글라 훈저 글라"
비학동산으로 내몰린 사람들

집은 아버지가 지서에 간 다음에 불탔어. 우린 집에서 아침에 조반을 먹고 난 뒤에 "훈저 글라. 훈저 글라. 저디 오렌 허난 재기 안 가민 두드려 분다."(빨리 가자. 빨리 가자. 저기 오라고 하니까 재우 안 가면 때린다.) 하니까 엄청 겁이 났지. 어머니는 막내 두 살짜리를 업고, 네 살짜린 목에 걸고(목 위에 태우고), 양손에는 우릴 하나씩 잡고 해서 나갔어. 베기(비에기·비학)동산에 가보니 군인들이 저 위 가세기동산에 꽉 찬 게 보여. 가세기동산이 베기동산보다 위에 있거든. 퍼렁헌(파란) 옷 입은 사람들, 군인들! 가세기동산에선 학원동 사람들 가는 게 다 보여. 이리 가고 저리 가는 게 훤하게 보이는 곳이라. 그래서 어머니가 "재기 글라. 재기 글라."(빨리 가자, 빨리 가자.) 한 거야. 빨리 안 가면 저기서 총 쏘아버린다고 말이야. 베기동산에도 군인들이 가득 있는데 가니까 우리 보고 "누구냐", "어떻게 왔느냐"고 묻는 거야. 그 군인들은 육지 사람들이라. 우리 어머니가 하는 말(필자: 제주어)을 그 사람들이 못 알아들었어. 어머니가 "지서에서 와서 낭허레 오렌 허난 가수다."(나무하러 오라고 해서 갔어요.) 이렇게 말하니까 군인이 "도피자 가족!" 합디다.

'도피자 가족'
줄줄이 묶인 동네 삼춘들

나는 그게 좋은 말인가 생각했는데, 나중에 보니 '나무하러 갔다'고 한 것이 폭도라고 생각한 것 같아. "도피자 가족" 하고 말한 다음에는 우리 보고 "저리 가서 앉으라"고 해. 우리 어머니 손을 뒤로 해서 밧줄로 묶고, 우리는 그 옆에 앉았지. 군인들이 묶었거든. 군인들이 동쪽으로 보라고 해서 다 묶습디다. 앞에 앉고, 또 그 앞에 앉고 하면서 줄줄이 앉았주게. 아무 말도 하지 않은 사람들은 베기동산 폭낭(팽나무) 맞은 편에 앉으라고 하고, 우리는 폭낭을 등져서 뒤로 앉았는데, 죽을 사람들이지. 밋밋 묶었는데 사람들이 많았어. 손을 묶으니까 우리 오래비(남동생)가 막 울었어. 셋째가 막 울어.

[남편: 나도 같은 동네여서 조금 들은 말이 있어. 나는 그때 학교 간 때라. 학원동하고 소왕교 다음에 불태워 죽여버리라고, 전멸시키라고 명령을 받았다고 해. 우리 동네 똑똑한 하르방(할아버지)이 있었어. 그 사람하고 우리 아버지가 지서에 가서 올라간 사람 있고 가지 않은 사람도 있으니까 좀 구분해서 올라간 사람(네 집)은 불 붙이고, 여기 평범하게 살고 있는 사람(네 집)은 살려달

라고 막 사정을 했다는 거라. 순경들 일거라. (김용렬: 아니 군인들이우다. 국방색 파란 옷 입은 사람들.) 우리는 그 사람들은 보지 못하고 들은 말이야. 무조건 다 죽이고 했는데 열세 집인가 골라서 불태웠어. 사십호 중에서.]

아비규환의 현장
동생 덕으로 살아나

우리는 남동생이 오줌 싸러 가겠다고 해서 모두 살아났어. 그렇지 않았으면 다 죽을 거였지. 조상님네가 식게 멩질(제사 명절) 얻어먹질 못할 뻔했어. 그때 베기동산이 그대로야. 집(동민회관)만 앉아있어. 폭낭 있던 자리. 베기동산에서 동쪽으로 돌아앉으라고 했거든. 묶여있는 사람들이 우리 앞에도 사람들이 막 하(많아).

우리는 아기도 있고 해서 거기까지 걸어가려고 하니까 시간이 걸려서 조금 옆으로 갔어. 군인들이 묶으니까 우리 오래빈가 아신가(오라버니인지 동생인지) 사뭇 저리 가자고. 사뭇. '저리'라는 데는 베기동산 굴렁(현재의 동민회관 뒤쪽)이라. 사람이 안 보이는 곳이었주게. 동생은 그냥 코로 피가 좔좔 쏟아지고 있었어. 굴렁진 곳은 아무도 없는 곳이었지. 오줌 싸러 가겠다고 했는지 막 저리로 가자고 하더라. 동생이 마구 보채니까 어머니가 "영허라. 영허라. 저리 강 오줌 눅져동 오게"(등에서 떨어져 있어라. 저기 가서 오줌 누여두고 올게) 해. 어머니가 베를 영영해서(묶인 손으로 베를 푸는 시늉) 고개를 빼고 봤어. 나는 어머니 등뗑이(등)에 매달려서 사뭇 박박 털면서 죽어질 거 같은 생각만 들었주. 그 어린 나이에도 말이야.

군인들이 다른 곳을 볼 때 일어서서 굴렁(구렁, 땅이 움푹 패인곳)으로 확 내려갔어. 군인들이 다른 사람들 감시한다고 이리보고 저리보고 할 때니까 군인

학원동 비학동산에서 당시를 회고하는 김용렬 씨.

들한테 허락받지 않고 일어서서 내려간 거야. 군인들이 사람들 앉은 쪽엔 신경을 덜 쓴 거지. 내려가서 동생 오줌 누여주고, 올라올 때는 눈치를 보다가 손을 묶지 않고 그냥 앉은 사람들 쪽에 가서 앉았어. 그래서 죽지 않지 않고 살아난 거라! 우리처럼 베로 묶인 사람들 옆에 묶지 않은 사람들이 있었거든. 철중이네도 우리 나가는 것(동생 오줌 누이러 가는 것)을 봤다가 나와서 살았어.

그 기관총이라는 게 다다닥 소리나는 겁디다. 다다딕하면 탁 박아정 죽어부는 거라(고꾸라져서 죽는 거야). 그러면 막대기 두 개 갖고 와서 그 위로 놓고 질(길) 건너 밭으로 갖다가 던졌어. 우린 길 우녁짝(오른쪽·동민회관쪽)에 앉았주게. 길 위쪽 밭으로 죽은 사람들을 던지는 거라. 군인들이 잘 보라고 했어. 심상하게 영영(두리번거리는 모습) 보지 말고 잘 보라고 말이야. 잘 안 보면 다 쏘아 죽여버리겠다고 했지. 묶였던 베를 풀고 사람이 일어서면…. 우리 아시덜은 선 채로 겁이 나 박박 털면서 코피를 좔좔 흘리면서도 '저리 글렌'(저기 가자고) 했주게. 죽이지 않을 때니까. 말젠(나중에는) 죽일 때 우는 사람 하나도 엇입디다. 울 저를(겨를)이 어디 있어? 팡팡 쏘아대지. 사람들은 울고불고 하지도 않았어.

"잘 보라"
비학동산의 참극

조금 있으니까 군인들이 폭낭 있는 데로 와서 잘 보라고 하는 거라. 애기(아기) 베영(임신해서) 한 여덟 달이나 됐을까…. 그 여자를 잡아와서 옷을 벗기니까 몸을 웅크릴 거 아니라? 그때는 적삼이나 하나 입고 다녔지. 무슨 내의가 있었겠어? 배가 이만이(손으로 배가 부른 모습 표현) 나와 이십디다. 그런데 쉐앗배(쉣베-소등에 짐을 실을 때 동여 묶는 꼬아진 밧줄)로, 쉐앗배라는 뱅뱅 꼬아진 질긴 줄이 있어. 그걸로 묶고 나무(팽나무)에서 빡하게 댕겨.

　가슴으로 겨드랑이로 묶어서 댕기니까 위로 막 올라간게. 남편이 무서우니까 산에 가버린 모양이야. 남편 올 때까지 기다리면서 집에 있다가 늦은 거라. 나오라고 해도 안 나오고. 그러니까 잡아다가 "잘보라"고 하면서 "이렇게 죽인다"고 하면서…. 비명이랑마랑 말도 꼬딱(까딱) 못 했어. 눈물 하나 흘릴 저를(겨를)이 없었어. 보기만. 엄청…. 그렇게 한 데는 없을 거야. 아이고~.

　그 임산부 옷을 발가벗겨서 가슴 위 앞으로 묶어서 나무에 줄을 걸어서 잡아당겨서 죽창인가 철창인가로 찔러서 죽인다고, 막…. 자룩은 나무고 끗겡이(끝)는 칼 닮은 거로 돼 있었어. 에고~(깊은 한숨). 그때 그렇게 해서 죽였어….

　"잘 보라! 잘 안 보면 너희들도 이렇게 죽인다. 잘 보라!"고 말하는 거야. 그 여자 분은 우리 안골목에 살았는데 어디서 시집왔는지는 모르겠어. 군인 두 세 사람이 그렇게 했어. 아이고~. 그냥 난…. '잘 보라'고 할 때는 (줄을) 댕길 때만 봤주게. 그때는 눈을 감아지더라. 도세기(돼지) 돌아메 듯 돌아멜(달아맬) 때만. 도세기 돌아메 듯….

　앞으로 묶으면서 댕기니까 그 분이 몸을 웅크리더라. 올라갈 때도. 딱 졸라매서 박박 댕기니까…. 모두가 충격이 너무 크니까 눈물 남이랑마랑(눈물 흘리기는 커녕). 또렷이 보지 않으면 죽여버리겠다고 하니까.

"무숩지 안헙디가,
우는 사람은 한가한 사람이야"

　우리 어머니는 길가에 앉아서 우는 사람은 한가한 사람이라고 했어. "누게 알아줄 사람이 있는 사람이 울지. 눈물 다 말라불어신디 어떵 눈물이 나느니. 다 말랐는디."(누구 알아줄 사람이 있는 사람이 울지. 눈물이 다 말라버렸는데 어떻게 눈물이 나니. 다 말라버렸는데.) 나중에 사람들은 그 이야기를 절대 하지 않았지. 아무도 그 이야기는 하지 않았어. 어떤 판이지….

그런데 내가 나중에 어머니한테 "ᄆ솝지 안헙디가?"(무섭지 않았어요?) 하니까 "ᄆ스울 게 어디 시니. 나도 잘못허당 경 뒐 건디. 잘못 안 헤도 경 무껑 죽여부는디 집이서 재기 안 나왓젠 경헤시녜."(무서울 게 어디 있니? 나도 잘못하다가는 그렇게 죽을 텐데. 잘못을 하지 않아도 그렇게 묶어 죽여버리는데, 집에서 빨리 나오지 않았다고 그렇게 했어.)

그거 보니까 크면서 막 아팠어. 넋 나가서 말이야. 그 동산을 넘어야 물을 길어오는데 겁을 집어 먹어서 물 길러도 제대로 다니지 못했어.

베기동산 폭낭은 나중에 끊어버렸어. 나중에 사무실 지으려고 하니까 끊었지.(필자: 1990년대 동민회관을 짓기 위해 베어냈다.) 그 나무 보면 옛날 생각나고, 아이고…. 그래도 끔찍한 그 장면을 보지 않았던 사람들이 많아. 학교 다니는 사람들은 학교 가서 못 봤는데, 나는 그때 어리니까.

극락오름 피신
처음 본 비행기에선 총소리

그 어린 때 비행기를 처음 봤어. 집이 불에 타지 않을 땐데 어떻게 됐는지 모르지만, 우터레덜(위로들) 가라고 했었거든. 나는 일곱 살 어릴 때였잖아. 그때는 아버지가 지서에 간 뒤 소식을 몰랐을 땐데 가을은 아니고 겨울이었어. 위로 가라고 해서 갔는데 비행기에서 막 쏘았어. 지금 생각해 보면 그때 갔던 곳이 극락오름 옆 절간 있는 데였어. 산세미오름 쪽에 있었던 것 같아. 금덕 위야. 거기 가서 숨었던 적이 있어. 그때 비행기 와르릉하면서 낮게 날았거든. 우리는 재미있어서 밖에 나와 보려고 하니까 어머니는 "빨리 곱으라(숨으라), 곱으라." 했어. 그래서 풀 속에 가서 이렇게(몸을 웅크리는 모습) 해서 곱기도 했지. 아무 것도 갖고 가지 않아서 배고팠는데 그 절간에서 손 내놓으라고 해서 조팝(조밥)을 한 숟가락씩 받아서 그걸 먹고 살았지. 어떤 여자분이 그 조팝을 나눠줬어. 사람들이 많이 피신 갔지만, 나는 어려서 피신인지도 몰랐지. 그냥 따라간 거니까. 며칠 살지는 않고 바로 내려왔주게. 그다음에는 집이 불타고, 가문동으로 가게 된 거야.

토벌대의 방화
옆집 불 옮겨 붙어

집이 불탈 때는 군인들이 모이라고 할 때라. 계절적으로 보리코고리(보리 이삭) 장만하지 못해서 더러 놔둔 것도 있을 때였어. 밖거리 소 매는 옆에 보리코고리 훑어다가 놔두니까 그 위에서 잠잤던 생각도 나지. 우리 집하고 옆집이 붙어 있었어. 보리낭(보릿짚), 불솜는(불때는) 보릿대 있잖아. 보리낭을 집 조끗트레(옆에) 놔뒀는데 초가집이니까 그 보리낭이 타면서 우리 집도 다 타버린 거라. 옆집을 태우면서 우리 집도 타버린 거지. 미리부터 불태울 집을 정했던 것 같아. 우리 집은 케우라고(태우라고) 하지 않았거든. 그랬는지 다 타진 않았어. 쉐막살이(소막·외양간)는 남았으니까. 불태워 버려서 잘 곳이 없어서 그 곳에서 잤어. 와랑와랑 케와부난(태워버리니까).

조그만 쉐막에는 소를 매여 놔뒀는데 누가 갖고 가버렸어. 그때는 어디서 잡아먹었다고 해도 잃어버렸다고 말할 수가 없었주게. 쉐막살이에 매였던 소는 누가 이꺼가불고게(가져가버리고). 검은쉐였는데…. 쉐막 바로 옆에 문이 있었거든. 거기서 이렇게 들여다보면 가세기동산이 딱 발라(바로 앞에 보여). 동산이니까. 집이 불탈 때 그쪽을 보니까 군인들이 있었어. 우리 어머니는 그때 안

죽이니까 이제나 와서 죽일까 저제나 와서 죽일까 했주게. 그러니까 어머니가 "아이고, 저 군인들 우리 집더레만 바렘저. 언제 왕 쏘앙 죽이젠사 헴신디 우리 집더레만 바렘저."(저 군인들이 우리 집쪽으로만 봐. 언제 와서 쏴서 죽이려고 하는지 우리 집쪽으로만 보고 있어.)

어머니는 군인들이 와서 쏴 죽여버릴까 봐 그것만 근심이었지. 그때 죽지 않은 사람은 또 죽일까 봐 밥 먹을 생각, 물 먹을 생각이 어디 있어게. 물이 먹고 싶어도 참아야주게. 안거리(안채) 뒤 항에 물이 있었는데 안거리도 다 태워버리니까 그 케운 딜(태워버린 곳을) 넘어가야 허벅을 져서 물을 길어오는데 그렇게 하지를 못했어. 밥도 못 해 먹고. 난 그때 "펭(병)에라도 물 질어오주게." 했는데, 어머니는 "물 먹을 생각이 남시냐?"고 나무라는 거라.

육지로 떠나는 아버지
입던 갈적삼 집으로 보내

아버지 찾을 생각은 홈치(아예) 못 했어. 아버지는 육지 가면서 웃옷을 보낸 거라. 누구 빽도 있고, 시(제주읍내)에 다니는 사람은 어디 알아봐서 소문이라도 듣는데, 우리는 소문조차도 못 들어. 나중에 신고가는 거 봤다는 사람들이 있었어. 어머니 사촌 남편이 가문동에 살았는데 이장을 했거든. 어머니가 "알아봐 줍서." 하니까 어디가서 수소문했는지 나중에 배타고 간다면서 웃옷을 보냈다고 했어. 말제(나중에)야 아버지가 갈적삼(감물들인 적삼)을 집으로 보낸 거야. 아버지가 입었던 웃옷. 육지로 간다고 하는 거주게. 자세히는 모르지만, 옷은 왔어. 어디로 떠난다고 줬다고 하니까 그런가 보다 하는 거지. 어떻게 할 수도 없었어.

수산 사람인데…. 다마짱! 다마짱이 밥을 싸고 갔는데 만나지 못하게 하고 어디로 차를 타서 떠났다는 거야, 그 분이 산지, 거기까지 쫓아갔어! 다마짱이 산지에서 아버지를 배에 싣고 어디로 보내는 걸 봤다고 내게 말한 적이 있어. "어디서 봐수과?" "산지에서 줄줄이 어디로 보내젠 싣고 있는 걸 봤어."

어머니가 그 옷을 받아서 놔뒀지. 갈적삼 오니까 어머니가 울다 버쳐서(지쳐서) 나중에는 울지도 못허더라. 슬퍼하기만 했어. 나가 "어머니 무사 안 울엄수과?"(어머니 왜 울지 않나요?) 하면 "울 저를이 어디시냐. 산 사람도 먹지 못허는디…. 어디 시민 이루후제 놈광 ᄀ치 올 테주기. 놈덜도 ᄀ치 가신디. 울 저를이 어디 시냐. 한걸헤사 운다. 한걸헤사 운다."(울 겨를이 어디 있니. 살아있는 사람도 먹지 못하는데…. 어디 계시면 다른 사람들과 함께 나중에 올 테지. 다른 사람들도 함께 갔는데. 울 겨를이 어디 있니, 한가해야 운다. 한가해야 우는 거란다.) 아버지가 보낸 갈적삼은 나중에 어머니가 입다가 어디 치워버렸어. 왜 입었는지 모르지만 아무런 소식도 없는 아버지가 불쌍하고 무척이나 보고 싶었겠지. 나도 그렇게 보고 싶은데 말이야. 이게 몇 년이라게!

"영혼이라도 배고프지 말아야"
밥상엔 언제나 아버지 밥과 숟가락

우리 어머니는 매일 식사할 때는 밥과 숟가락을 상에 놔둬서 아버지가 있는 것처럼 했어. 우리 식구가 모두 모여 앉아 밥을 먹으니까 그 밥상에 아버지 밥과 숟가락을 놓은 거라. 아버지가 계신 것처럼 생각하고 밥을 뜨는 거야. 아버지 영혼이라도 배고프지 않도록 하겠다고 하면서 밥을 먼저 떠서 밥상에 숟가락과 함께 꼭 놔뒀지. 옷은 집에 걸어 두고 말이지. 어머니는 트멍(잠깐씩)에 아버지 이야기를 할 뿐이었주게. 한창 일하고 먹고 살려고 하니까 얘기를 많이 하지는 않았어. 그렇게 아버지를 데려가니까 이제면 오겠지, 저제면 오겠지 해도 오지 않고, 가메귀(까마귀)만 '깍' 울면 아버지가 올까 봐 막….

아버지가 육지 형무소로 간 뒤 목포형무소에서 편지가 왔었다고 해. 우리는 편지를 받지 못했는데, 편지가 왔었다고 말하니까 알지. 우리 어머니가 중윤, 이모님은 중선이라. 누가 '중선이', '중선이'하고 불러도 "중선이 없다"고 한 거야. 그 날은 햇빛이 작작 나는 날이었거든. 왜 그랬는지 들어보니까 편지에 이모 이름을 써서 할망들이 돌려버린 것 같다고 했어. 중선이라고 쓰니까 중선이가 아니라고 해서 돌아간 거주게. 방에는 할머니들만 있었어. 조를 뜯어다가 할망들을 불러서 방에서 그걸 빻는데 편지가 오니까 그 사람이 아니라고 할머니들이 돌려보낸 거라. 그 뒤에는 다시 편지는 오지 않았어.

가문동으로의 소개
길에서만 늙어

집이 불탄 다음에는 다 내려가라고 했어. 해변으로. 그래서 (하귀) 가문동 친척집으로 가게 된 거야. 우리 외할머니 사촌이 거기 사니까 외할머니, 외할아버지, 외삼촌 해서 셋하고, 우리 식구 셋하고 모두 한 방에 살았어. 방하고 부엌만 있는 모커리(안거리, 밖거리 외의 곁채)에 들어갔지. 마루겸 구들(방)이었지만 그래도 들어갈 곳이 있으니까 좋았어. 바로 바당(바다) 붙은 곳이야. 뒤에는 바람 불어 바닷물이 지치게 되면 바닷물이 잘락잘락 들어오곤 했지. 한 일 년은 살았어. 식량은 할머니네가 가져왔던 거 같아. 우리는 불에 다 타버려서 아무 것도 없고, 할머니네가 가져오니까 그걸로 좁쌀죽 같은 걸 끓여먹고 살았지.

가문동에서는 잠만 자면 아침에는 우리 동네(학원동) 와서 일해야 했어. 우리는 아침에 학원동에 올라가면 막살이는 불타지 않아서 소 살았던 쉐막에 살았어. 낮에는 학원동 쉐막에 올라가고, 밤에는 가문동으로 내려가는 생활을 하는 거라. 외할머니네는 외삼촌하고 같이 예동산(수산리 예원동) 가서 일하다가 가문동 내려오고. 우리는 어려서 걸음이 빠르지 못하니까 아침에 농사지으러 올라왔다가 가문동 가면 어두워져. 거기 가면 보초막에서 하르방들이 지키고 있다가 늦어서 온다고 뭐라고 싫은 소리 하지. 다시는 들어오지 못하게 하겠다고 놀리기도 하주게. 그러면 어머니는 사정하면서 말해.

"이 아이덜 봅서게. 무시거 통에 낭 구루마나 끗엉 와사 재기 오주, 발놀령 재기 와지쿠과. 붉은 때부터 영헹 온 게 이때우다."(이 어린아이들 보세요. 통 속에 아이들 놓고 마차에 싣고 와야 빨리 오지, 이 어린 아기들 발걸음으로 빨리 올 수 있겠어요? 밝은 때부터 이렇게 온 게 지금이에요.) 그러니 길에서만 길에서만 늦는 거라. 걷지 못해서.

가문동 생활
어린 동생들 돌보며 밭일 거들어

가문동에는 놀 벗도 없고, 어린 동생들만 가문동에 놔둘 수 없어서 밝으면 동생들도 다 같이 올라갔주게. 불 안 탄 쉐막에 뭐 깔고 동생들도 같이 거기서 지냈지. 학원동 올라가면 어머니는 밭일하러 가면서 내게 동생들 돌보고 있으라고 하지. 쉐막에서 동생들 돌보고 있으라고 말이야.

그래도 가끔 길가에 나와서 아이들도 보고 올레 울담 위에 톡 걸터앉아서 넘어가는 사람도 쳐다보고 했어. 불타지 않은 집에는 윗동네에서 내려와서 살았지. 소앵이라고 소왕(상귀 소왕동)에서도 집들 불태워버린 다음에 아래로 내려가라고 하니 우리 동네 오고. 이녁 관련 있는 사람들을 찾아갔어. 우리 어머니 친척들도 와서 남의 집 빌어서 살았지.

어릴 땐 고무줄놀이, 공기놀이도 했지만, 그저 밭에 간 것만 같아. 특별하게 놀 게 없었어. 놀 시간도 없었주게. 조밭에 앉아서 검질(김)맬 때는 어머니가 "일어서지 말라. 어린 때 헤나야 커도 헤진다"면서 밥 먹고 해질 때까지 소처럼 일하라고 가르쳤어. 어릴 때부터 해야 된다고 말이야. 일하다 보면 옷도 짧고 해서 여기저기 다 긁혀. 그러면 부에(화)가 나서 밭 옆 높은 잣(밭담)으로 와랑와랑 뛰어가 그 위에 앉아서 "나 죽어도 못허쿠다." 해. 어머니는 "아이고, 저년 저거 어떵헹 좋고."(어떡하면 좋을까.) 하고. 두 살 아래 우리 동생은 앉아서 일하라고 하면 일만 해. 허허. 한번은 여름에 참으면서 김매려고 하니까 정신을 잃었어. 어머니가 소왕 산물 있는 데까지 날 업고 가서 물 속에 들이치고 나서야 정신이 바짝해서 깨어나기도 했지. 허허.

어머니의 등짐
곶자왈 나무 베어다 집 짓고

그렇게 왔다갔다 하면서 조금 편안해지니까 할머니는 예동산에 살았었으니까 그리로 가고 우리는 집에 와서 매일 낭하러(벌채하러) 곶밭(곶자왈)에 다녔어. 집 짓고 살려고 하니까 곶밭에 다니면서 낭을 베어온 거라. 우린 어릴 때여서 어머니 등으로 모두 져다가 집을 지었지. 우리 오래비도 좀 크니까 거들어주고. 나는 마중감 시늉해서 동물통까지 갔지만 나무는 지고 오지 못했어. 어머니네가 나무하러 갔다가 내려올 시간이 되면 올라가서 나뭇가지 하나라도 덜어서 가져오려고 동물통 가서 앉아 있었주게. 그러면 수산리 어른들이나 예동산 쪽에 사는 어른들이 내려오면서 "자의 오늘도 저디 왕 앚앗저. 가메귀 물어갈 것이 가메귀 무습지 안허영 저디 왕 앚앗저. 저거 뭘 졍 갈 거라게?"(쟤 오늘도 저기 와서 앉았네. 까마귀가 물어감 직한 아이가 무섭지 않다고 저기 와서 앉았어. 쟤가 뭘 지고 갈거야?) 그렇게 말들 하고 갔어. 허허.

어머니, 나의 어머니
'헌 구루마 똘'

어머니가 고생한 걸 이루 다 말할 수가 없어. 고생뿐이랴? 산에서 나무해다가 하귀 오일장에 가서 팔고, 어머닌 못하는 게 없었어. 어머니 하는 말씀이 아프지를 않았다고 해.

"아플 저를이 어디 시냐. 그거(나무) 헤당 다 느네 살리곡, 멕이고 허젠 허민 한걸헤사 아픈다."(아플 겨를이 있니? 나무해다가 모두 너희들 살리고, 먹이고 하려면 한가해야 아픈단다.)

산세미오름에도 나무가 없어서 어머니네는 나무하러 붉은오름까지 말 한 마리 몰고 갔지. 그렇게 해서 어머니가 손수 집을 다 지었어. 우리 어머니는 다른 사람은 생각도 못 해. 그렇게 어머니가 나가면 나는 동생들 돌봤지. 나는 주로 동생들 거념한다고 돌보고 밥했어. 집 지을 때는 주로 사오기낭(벚나무)을 많이 했어. 윤노리낭(윤노리나무)은 가벼워.

어머니가 일을 잘하니까 그 나무를 지고 오면, 어른들이 나한테 '헌 구루마 똘(딸)'이라고 해. '헌 구루마 똘.' 내가 "무사 헌 구루마 똘이엔 헴수과?"(왜 낡은 마차 딸이라고 하나요?) 하면 "너네 어멍이 구루마 마차만이 (나무를) 경 다 녀놓난 경 골암저."(네 어머니가 마차만큼 나무를 지고 다니니까 그렇게 말하는 거야.) 등짐을 그렇게 지고 다니니까 어른들이 그렇게 말하는 거라.

우리 어머니는 고사리도 잘 해오지, 산에 가면 못하는 것이 없었지. 어떤 나무가 어디 자라는 것도 잘 알아. 그러니 동네에서 나무하러 가려고 해도 우리 어머니를 앞세워서 가야 돼.

우리 어머니는 일을 너무 잘했어. 하귀에서 학원동까지 비료 100킬로를 지고 갈 때도 있었지. 50킬로짜리 두 개. 내가 열 살 때쯤이었는데 그렇게 했어.

그거를 지고 가면 비료 푸대(부대)를 준다고 100킬로나 나가는 비료를 당신 등에 지고 간 거야. 잔치나 영장(장례)이 있을 때는 그 집 부엌에 들어서 일하면서 도와주는 거라. 어머니가 계시니까 우리가 밥 한 끼라도 먹으면서 살았어. 주위에서 개가하라고 해도 아기들 살려야고 한다면서 일만 했지.

  비가 왔다가 개이는 날에는 '농사덜 헤얄 건디', '쉐 빌엉 밭 갈아야 뒐 건디'라고 했어. 어머니 외삼촌이 학원동 있었는데 큰 쉐가 있었주게. 어머니가 가서 "삼춘, 쉐 ᄒᆞ꼼 빌립서. 나 밭 갈쿠다." 하지. 그러면 "느 갈아질탸?"(네가 갈 수 있겠니?), "예. 갈아지쿠다." 그 소 빌려다가 늦도록 밭을 갈았어. 우리 밭이 남의 밭 넘어 있어서 밭을 갈아줄 사람을 빌릴 수가 없었거든. 동네에서 사람 빌리고 해도 남자들이 없었어. 남자들이 있는 집안은 이녁 밭 갈려고 남의 밭 잘 갈아주지도 안해. 또 이모네가 소길리 살았는데 이모네한테 가서 밭 갈아달라고 말하고 오라고 해. 그러면 소길리를 그냥 죽기 살기로 뛰어갔어. 그때 내가 열 살 정도 됐거든. 먼 거리라도 그때는 막 날아다녔지. 허허.

한 맺힌 영혼들
도체비불 되어 날아다녀

  혼자 학원동에서 소길리까지 가려면 무섭지. 무서우니까 날아다니는 거라. 사람이 보이면 지꺼지는디(기쁜데), 사람을 보지 못하면 귀신 나올까 봐 겁이 나. 그때엔 여기 길가에서도 사람 죽었지, 저기서도 죽었지, 할 때였으니까. 그리고 어두울 때 물을 길러가다 보면 저기 소왕 옆에 상귀당인데 한다구리당이라고 당이 있었어. 그 옆에 물 길러 가면 도체비가 이리 날고 저리 날고 해. 도체비가 그 곳에만 있으면 괜찮겠는데 막 따라 와. 날아다니는 소리가 쒸잉하면 정신마저 달아나버리는 것 같았어. 우리 동네 동산에도 도체비가 있었거든. 가는 곳마다 도체비가 있었지. 열 살, 열두 살 때쯤 될 때야. 지금은 도체비가 보이지 않는데 왜 그때는 그렇게 많은지….

　4·3 때 사람들이 많이 죽었다고 도체비가 많이 나타났다고 해. 그 한이 맺힌 사람들, 죽은 영혼들이 돌아다닌다는 거라. 밤이면 이리도(여기도) 펄록, 저리도(저기도) 펄록. 밤에 놀러 나가면 "저기 보라. 도체비 감저."했거든. 귀신이라고 해서 무서웠어. 저쪽에서 이리로 날아올 때는 쒸잉해. 그런데 그게 돌ㄱ룰(돌가루) 냄새를 내게 하면 없어지는 거라. 우리 어머니 말씀이 "돌 두 개 줴영 도체비 봐질 때랑 딱딱 허멍 뎅기라."(돌 두 개 쥐고 도깨비 보이면 딱딱 부딪치며 다녀라.) 물 길러 가면서도 둘을 두 개 해서 닥닥닥닥 부딪쳐서 냄새를 풍기면 도체비가 안 보여. 그런데 그것도 잘 보이는 사람이 있고, 잘 안 보이는 사람이 있어. 난 몸이 약해서 잘 보이는데, (기가) 쎈 사람은 어딜 가도 그런 게 안 보인다고 해.

지방 없이 치르는 제사
조상은 알아서 찾아온다

　4·3사건 때는 다른 건 아무 것도 없고 죽만 올릴 때도 있었어. 죽하고 숟가락을 올려. 고사리는 채소로, 그건 언제라도 있어야 돼. 고사리를 세 가달(가닥)로 해 내놓아. 그것을 지게라고 하더라. 음식 받아 지고 가는 거. 허허. 독새기(계란) 부치면 보따리라고 해서 그것에 싸서 간다고. 옛날에는 아무 것도 놓지 않고 부쳤주게. 그러면 어머니가 하는 말씀이 "그거 보따리전 아니가게. 보따리 곱닥허게 잘허라."(그거 보따리전이야. 보따리 예쁘게 만들라.) 했어. 죽을 올려도 고사리하고 전은 있어야 했어.

　우리 식게 맹질은 막 여러 번. 큰아버지, 할아버지, 할머니. 할머니도 세 분이라. 제사를 여러 번 하려면 들어가는 것도 많아. 그래도 다 했어. 큰아버지는 총

각 때 일본에서 권투하다가 돌아가셨다고 하는데 그 분 제사도 해. 옛날엔 지방도 안 쓰고 제사를 지냈주게. 지방은 안 써도 단오 멩질도 했어. 그냥 제물만 차려 놓아. 지방을 쓰지 않고 말로만 해도 되는 거라. "오늘 제사는 아버지 제사우다. 먹을 것이 어시난 미음만 쑤멍 올렴수다. 지방 쓸 사람 없어서 이렇게 헴시난 경 압서." 해도 되는 거라. 제삿날 잠만 자지 않고 물만 올려도 된다고 했었지. 그냥 마음의 안심을 찾는 거주게. 어머니가 하는 말씀이 "귀신들은 다 안다. 귀신이 무사 몰르느니? 엇인 것도 알고. 그냥 무사히 넘어가젠 허민 다 조상덜이 안다."(귀신이 왜 모르니? 없는 것도 알고. 그저 무사히 넘어가려고 하면 조상들이 다 안다.) 제사를 지내다가 그만둔 적은 없었거든. 아버지 제사는 행방불명되니까 생일날, 동짓달 초이튿날 했었는데 어머니가 돌아가신 뒤에는 어머니 제삿날 같이 지내.

　조금 풀려가니까 살기 어려울 때였지만 적도 만들었주. 소고기를 추렴하면 조금 사다가 간장 항아리에 담갔다가 적만 조금 만들었어. 간장 항아리에 담그면 변하지 않아. 돼지고기는 명절 때가 되면 동네에서 추렴해. 생선은 없으면 갈치도 올리고 각제기도 올리지. 예전에는 가문동에서 생선을 잡으면 동네에 이고 다니면서 팔았어. 생선을 사면 그걸 바싹 말려서 항아리에 담아 놔뒀다가 먹었어. 폭낭(팽나무) 아래 생선 구덕(바구니)을 풀어놓고 "궤기(고기) 삽서. 궤기 삽서." 하면 사람들이 모이거든. 제사가 돌아와가면 보리쌀이나 좁쌀을 가져가서 교환했지. 그때 돈이 어디 있어게?

"울 저를이 어디 시냐"
이름 없는 막냇동생의 죽음
　동생 두 살 터울로 셋인데 하나는 굶어서 죽었어. 두 살 아래 춘열이는 살다가 나중에 돌아갔고, 그 아래 오래비(남동생) 용구는 네 살 아래인데 거기도 살다가 돌아갔어. 그 아래 막내는 이름도 없어. 아기 때 돌아갔으니까. 막냇동생이 돌아간 것은 가문동 살다가 올라온 다음이야. 집에 불붙여서 모든 걸 태워버렸으니 먹을 게 있었나? 어른들은 참으면 되지만, 그 젖먹이는 먹지도 못하고, 그루후제(그 뒤에는) 아파버리고. 어머니가 굶으니까 젖도 나오지 않아서 먹지도 못한 채 시들보들하다가 죽어불언(버렸어). 여자아이라. 집이 불 탄 지 일 년 정도 됐을까 조금 조용해 질 때였어. 아프고 먹을 거 없으니까 죽은 거지. 아무것도 없으니까. 어디 쌀이라도 있으면 좋은데 그렇지 못하고, 다른 데 가서 구하지도 못했거든. 보리쌀이라도 있으면 달랑달랑 삶아서 먹었을 텐데 먹을 게 없었어.

어머니가 골체(삼태기)에 뭔가로 덮고 해서 갔지. 골체에 아기 들고 가니까, 내가 어머니한테 물었거든. 그때 나가 촐람생이(말괄량이)였던 모양이라. "아기 어디 돌앙감수광(어디 데려가세요), 아기 어디 돌앙 감수광?"하면서 쫓아가니까 어머니가 돌멩이를 던지면서 "쫓아오지 말라"고 했어. 내게 돌멩이를 던지면서 "빨리 집이(에) 돌아가라. 강 아이덜 보라(가서 아이들 봐라). 집이 가라." 했지. 그래도 난 멀찍감치 떨어져서 숨었다가 가고 하면서 보니까 질 어염(길가 옆)에 땅을 파서 골체차(삼태기째) 묻어두고 오는 것을 봤어. 그걸 보았어.

내가 언젠가 어머니한테 물은 적이 있어. "눈물이 안 나옵디가?" "아기 죽은 디 묻으멍 눈물은 안 나?" 하니까 어머니가 "눈물 날 시간이 어디 시냐. 눈물 다 말라 불어신디 한결헤사 운다. 어떵 울 시간이 싯고, 울엄시민 누게가 밥을 주느냐, 물 한 적을 주느냐?"(눈물이 모두 메말라 버렸는데 한가해야 운단다. 어떻게 울 시간이 있고, 울고 있으면 누가 밥을 주겠니? 물 한 모금을 주겠니?) 그렇게 말하더라.

"두루 칭원헤사 운다. 너무 기막히민 울 저를이 어디 시냐. 한걸허난 울엄 저."(덜 억울해야 눈물이 난다. 너무 기가 막히면 울 겨를이 어디 있니? 한가하 니깐 우는 거란다.)

"배고픈 게 제일 컸주"
고등어 조린 국물 사다 먹고

4·3 때는 배고픈 것이 제일 컸주. 소개됐다가 올라온 다음에도 배고픈 거 해결하는 일이 컸어. 고구마를 밭에 많이 심어 놔두면 동네 사람들이 밤에 솔짝솔짝(살금살금) 가서 막 파가버려. 고구마 뿔리(뿌리)가 땅 속으로 들어가면 땅이 벌려져(벌어져). 그러면 복복복복 파기가 좋아. 동네 사람들이 절반은 파가버려. 그 사람들도 배고프니까 먹으려고 그러는 거지. 알아도 어쩔 수가 없어. '왜 그렇게 캐 가요?'라고 못 해. 또 우린 안팟(안쪽에 있는 밭)이어서 마음 놓고 감자를 파러 다니질 못했주게. 도(입구)에 있는 밭에 사람이 없어야 들어갈 거니까. 에고~.

그러면 감자 주워다가 먹고, 쑥도 캐러 가고, 토끼풀도 해와. 토끼풀은 내가 가서 해왔어. 확 데우쳐서 먹거든. 외도 가서 고등어 졸였던 국물 한 허벅 사다가 그걸로 국도 끓여서 먹고…. 나는 제주시에 살러 가버려서 먹어보지 않았지만 동생네는 감저(고구마) 장만했던 남은 감젓주시(고구마 전분 찌꺼기), 도세기 먹을 거 해와서 다 같이 먹었다고 해. 그래서 언니는 다니면서 맛 좋은 거만 먹고 우린 별거 다 먹고 살았다고 말할 때도 있었어. 퀜당(친척) 있는 사람들은 그래도 조금 낫지만 ᄂᆞ물(나물) 하나라도 줄 퀜당도 없고. 그래도 앞집에 할머니 한 분이 계시니까 그 분이 이것도 갖다가 먹으라(먹어라), 저것도 갖다가 먹으라 하니까 살았주게.

새벽 2시 밭일 간 어머니
밤낮을 일하고 일해

　4·3사건 이전에는 우리 어머니 아버지가 부지런해서 밭을 사뒀어. 지금도 그 밭은 남아있주게. 어머니는 밤낮을 일했어. 그렇게 해서 밭을 산 거라. 우리 오래비도 열한 살 되니까 남의 밭을 갈러 다녔어. 우리 오래비 크지 않을 때라.

　어머니는 밤 2시만 되면 밭에 갔어. 새벽 2시. 우리 밭은 길이 없으니까 남의 밭을 세 개를 넘어야 갈 수 있거든게. 그 시간에 안 가면 다른 밭 주인들이 질어염(길가)에 앉아서 들어가지 못하게 해. 밭 옆으로 가도 곡식 다 밟아버리고 있다고 하면서 말이야. 그러니 그 어른들이 밤에 잘 때 들어가야 돼. 어머니가 새벽에 밭에 나갈 때는 차롱에 병 담아서 물 길어다 밥하라고 해. 아시(동생)는 깨워도 일어나지 않아. 차롱은 납작한데 펭은 쫄락내놓난(목이 기니까) 슬짝이(살금살금) 걸어도 펭이 안 튀어날 거라? 펭이 튀어나와서 깨져서 물도 길어오지 못하기도 했어. 낭푼이도 큰 거 없을 때고 콕박세기(박을 쪼개어 만든 바가지) 같은 것만 있을 때라. 그걸로라도 물을 길어와야 밥을 해서 먹을 거니까 내창(냇가)에 가서 물 길어와 밥을 해서 어머니한테 가져다두고 학교 가면 선생님은 "뭐하다가 이제야 왔느냐"며 꾸지람했어. 3학년 때 그랬주게.

　나는 조금 큰 뒤에야 밭일 하러 다녔어. 일곱 살 넘으니까 어머니하고 같이 조밭에 가서 김맸주게. 두 살 아래 우리 동생은 나보다 일을 잘해. 토요일, 일요일에는 밭에 가야 해. 조팟, 콩밭에 가서 김도 매고. 그런 건 다 해. 학교 다니면서도 그 정도 일하라는 건 아무 것도 아니라. 드릇나물(들나물) 캐러도 다니고 감저 이삭 주우러도 다니고, 먹을 거 주우러 다녔어. 난 조금 하다가 잣(돌담) 위로 확 올라가서 앉고서 막 소리 질렀어. 갑갑해서 못 살겠다고. 어머니가 "학교도 보내주민 아방 신 아이털 놉다가민 같이 놉닥시냐. 먹지도 못허는디.

일을 해야 먹을 거 아니냐."(학교도 보내주면 아빠 있는 아이들이 큰소리쳐 가면 같이 치고 있니? 먹지도 못하는데. 일을 해야 먹을 거 아니니.)

"학교만 다니게 해 주세요"
야학으로 학교로

학교 다니는 길(방법)을 몰라 나중에야 학교를 다녔어. 학교는 무슨 다해졌어? 학교 다니다가 돈 벌러 갔지. 시에 남의 집에 조금 살다가 부산으로 갔주게. 내가 원래 1942년생인데 호적에는 1944년생으로 됐어. 친구들은 학교 나오라고 해서 다니는데 나는 친구들보다 나이가 줄어들어서 통지서가 오지를 않아. 만 나이로 하다 보니까 그때 한 해는 입학 통지서가 나오지 않았거든. 난 기가 죽었지.

공부만 하려고 했어. 동네 언니들이 밤에 하귀국민학교에서 야학한다고 다녔거든. 언니들이 갈 때 공부하러 쫓아다녔주게. 언니들이 "넌 나중에 할 거 아니냐. 오지 마라"고 해도, 미움받으면서도 쫓아다녔지. 야학에서는 이름 정도는 쓸 줄 알고 다녀야 된다고 하면서 '가갸거겨' 가르쳐줬어. 한 열 살 때 쯤 쫓아다녔는데, 가문동, 번대동, 답동, 학원동, 하귀 여러 동네에서 갔지. 교실이 가득 차서 한 20~30명은 됐을 거야. 다 언니들이고, 나 또래는 그렇게 많지 않았어. 한 몇 달 정도 다녔던 것 같아. 그래도 한글은 알고. 야학에서 공부하다가 나중에야 우리 남동생과 같이 학교 들어갔지.

하귀국민학교를 찾아가서 학교 붙여달라고 했어. 열세 살 때. 학교 찾아가서 "학교 공부하고 싶은데 못 붙으난 학교 허쿠다"고 했어. 그때는 그렇게 해지더라. 허허. 아이고~. 어머니는 다니지 못하게 했어.

네 살 아래 동생하고 동창되니까 나이 차이가 있고 해서 달리기도 잘했어. 잘

달려봐도 운동빤스(운동복 바지)를 안 사주는 거라. 운동복 하나 사는 것도 잘도 힘들 때주게. 돈이 없어서 육성회비 내지 못하고. 그러니 어머니는 학교 다니지 말고 일하라고 했지. 어머니가 밭에 가면서 "물 질어당 밥헹 가져다동 가라."(물 길어다가 밥을 만들어서 갖다두고 가라.) 나가 어디로 들어가? 들어갈 곳이 없어서 잣 우이로 바랑(돌담 위로 걸어서) 그 밥을 갖다 두고 학교 가면 거의 낮이 돼주게. 그렇게 하다보니 공부는 제대로 못하고…. 아무래도 부끄럽고 안 되겠어. 난 공부만 시켜주겠다고 하면 아무 데라도 가서 아무 일이라도 하겠다고 했었지.

"공부만 하고 싶었어"
공부할 수 있다는 말에 제주시로

초등학교 4학년 다하지 못해서 식모로 갔주게. 하루는 학교에서 선생님이 나를 불러. "용렬아, 너 어디 가서 공부하고 살지 않을래?" "제주시 그 집에 가면 공부도 시켜주니까 식모로 집만 지키고 살라(살아라)." "제주시 부잣집인데 일은 안 시키고 집 보면서 공부만 하면 된다." 선생님이 그렇게 말해서 간 거라. 제주시에 사는 먼 궨당이 있었는데 거기 가서 행동거지도 배우고, 공부하라는 거였어. 공부 가르쳐줄 거라고 하면서 말이야. 선생님이 소개시켜주니까 시에 가면 학교 보내줄 거로만 생각했는데 학교는 안 보내주고….

그때는 식모가 뭔지 몰랐거든. 공부 시켜주겠다고 하니까 그 말만 듣고 열다섯 살에 간 거라. 가서 보니 그때는 추석 때 고기도 막 들어오더라. 그래도 난 고기는 그립지 않았어. 나중에 내가 말했지. "나는 한이 공부하는 거우다. 난 공부만 할 수 있으면 어디 가서도 죽기 살기로 일허쿠다"라고. 그러니 공책을 사다주면서 여기다가 글을 쓰라고 해. 거기서 한 일 년을 살았어. 그때

부산으로 가기 전에 동네 친구들과 함께 찍은 기념 사진.(가운데 앉은이가 김용렬)

부산에 친구가 하나 있었는데 그 친구한테 편지를 썼주게. 주소는 알아서 쓰는데 편지를 부치면 돌아와버리고 해. 난 주인 삼춘 모르게 편지를 썼거든. 편지가 돌아오곡 돌아오곡 하다가 한번은 제대로 편지가 부산에 간 거야.

친구 있는 부산으로
메리야스 공장 생활

   8월 명절에 도망치려고 결심했어. 그때가 열여섯 살이라. 내가 주인 삼춘한테 "부산 친구가 8월 멩질에 와서 나를 데려가켄 헴수다. 명절에 집에 갔다가 와질 지 못 올 지 잘 모르쿠다"고 했어. 주인 삼춘이 "하이고, 여기서 시집도 가고 여기서 살아야 된다. 너 가버리면 내가 못 산다"고 하는 거라. 아무리 생각해도 내가 시집가는 것은 아니라고 생각했어. 공부하고 싶었거든. 그래서 육지 갔어. 어머니는 아무 데라도 가서 돈도 벌고 공부하라고 했어. 육지 가서 하고 싶은 거 하라고, 대신 정신만은 똑바로 차려야 한다고 말했지. 정신을 바싹 차리면 호랑이한테 물려가도 산다면서, 제주도로 돌아와야 한다고 하는 거라. 그러니 항상 연필은 들고 다녔주게.
   부산에 가서 교회 장로님 댁에 머물면서 메리야스 공장을 다녔지. 공장 다니면 공부 가르쳐준다고 했어. 부산 남항동 영진산업사라고 티셔츠, 메리야스, 스웨터도 만드는 곳이었어. 공장 마당도 넓고 직원도 한 50여 명은 돼. 처음 몇 달 동안은 언니들하고 집 빌어서 살다가 사장님이 기숙사로 들어오라고 하는 거라. 사장님이 이북사람이었는데 독실한 기독교 신자였지. 사장님 형제가 세 분인데 다들 성공했어. 미국에 유학 중이던 사장님 큰아들이 사고로 숨진 일이 있었주게. 그 사장님이 하는 말씀이 믿음이 적으니까 타격을 받는 거라고, 더 열심히 하나님을 믿고 정직하게 살아야 한다고 하더라. 거기서 잘 배웠지.

부산에서 7년 살았어. 공장에서는 한 곳에 앉아서 일을 못했어. 조금 공부했다고 판매부에서도 일했주게. 판매부에서 일하다가 공장에서 일하다가 왔다 갔다 하는 거라. 공장 마당에 큰 확성기를 달아놨는데 거기서 음성이 흘러나와. "김용렬 들어와.", 막 크게. 공장에서 일하면 여유가 조금 있어서 동료들 하고 이야기도 하는데, 판매부에 가서 일하면 여유가 없어. 사장님이 나한테만 심부름을 시켜. "저금하러 갔다오라." "국제시장 갔다오라." "범일동 시장에 가서 수금하고 오라." 막 심부름만 시켰어. 한번은 국제시장에 갔다오다가 깡패를 만나서 큰일날 뻔 했지만 용케도 벗어난 적도 있었지.

"공부가 한이 됐어"
공장에선 만능인이 되고

거기 가보니까 공부하지 않은 사람이 천지라. 육지 아이들도 공부하지 않았더라. 오후 3~4시 돼서 일이 끝나면 공부를 가르쳐주기 시작해. 일하는 곳에 의자들 놓고 앉아서 공부했지. 백노지(하얀 종이)를 많이 사다 두고 실컷 갖다가 쓰라고 하고 시험도 봤주게. 시험 보면 내가 1등, 2등 해서 다라(대야)도 받고 밥통도 받고 했어. 결혼할 때 그거 모두 갖고 와서 돈 들지 않았지. 허허.

부산에 있을 때 다른 데서 오라고도 했지만 안 갔어. 다른 데 가면 기술도 더 배우고 돈도 많이 준다고 해도, 우리 공장에서는 돈이 적어도 공부를 시켜주니까. 사장님이 독실한 기독교 신자여서 아침에 출근하면 기도도 했어. 오늘 하루를 무사히 보내달라고 하는 거지. 사장님이 절을 믿으면 절에 잘하고, 교회를 믿으면 교회에 잘해야 한다고 했어. 자기도 욕심이 있어서 돈만 벌려고 하다 보니 사람을 잃었다고 하면서 말이야. 그렇다고 교회에 다니라고 강요하지는 않았어. 사장님이 똑똑하고 사람이 좋아. 하루는 사장님한테 내가 4·3을 당

부산 영진산업사에서 근무할 당시 직원들이 한 자리에 모여 찍은 기념 사진.(1958. 2. 22.)

덜 서러워야 눈물이 난다

결혼식 때의 사진. 앞줄 오른쪽 두 번째는 김용렬의 어머니.

해서 이렇게 됐다고 하니까, 사장님이 4·3을 몰라. 부산에서는 행복하게 살았어. 돈을 벌면서 옷 같은 거 집으로 보내기도 하고.

공장 다니면서 서울 세브란스병원에 가서 간호하는 방법을 배우기도 했어. 사장님이 가서 배워오라고 했거든. 사모님이 뇌수술 해서 거동을 못하니까 서울 가서 간호하는 방법을 배워서 하루 한 번씩 사모님을 관리했지. 그때는 무서운 게 없었어. 두루 설러워야 무섭주(덜 서러워야 무섭지), 이상하게 무섭지 않았어. 서울도 가라고 하면 차를 타고 어디든지 찾아갔어. 주산도 공장에서 배웠주게. 지금은 다 잊어버렸지만 그때는 조금만 배웠는데도 계산해지는 거라. 사장님이 "너는 금방금방 잘 알아듣는다"고 했지.

내가 육지 갔다가 오니까 제주시 그 주인 삼촌네가 나를 막 찾았다고 해. 그래서 내가 가서 말했어. "난 공부가 한이 뒌 사람이우다. 공부만 트멍에 시켜줘시민 이루후제 나가 벌엉 뭣이라도 해 드릴 건데 경 안 허난 부산 가수다."(나는 공부를 하고 싶어 한이 맺힌 사람입니다. 틈나는 시간에 공부만 시켜줬으면 나중에 제가 벌어서 무엇이든지 해 드릴 텐데 그렇게 하지 않아서 부산 갔어요.) 그렇게 말하니까 그 삼촌도 울었어. "그 줄은 모르고 경해졋저."(그런 생각 하는 줄은 모르고 그렇게 해졌어.) 그렇게 말하더라.

어머니처럼 부지런히 일해
스물셋에 결혼

부산에서 돌아와서 스물셋에 결혼했어. 나는 거기서 결혼하고 살 생각을 갖고 있었는데, 어머니가 동네 친척도 없고 하니까 고향에 와서 벗하면서 살자고 해서 내려왔지. 고향에 와서 고생하고 싶지 않다는 생각이었는데 어머니가 고향에서 벗하면서 살자고 하도 말하는 바람에 내려와서 결혼했주게. 아방(남편)

남편 김영진 선생과 다정하게 포즈를 취한 김용렬 씨.

도 부산 같은 공장에 있었다가 얼마 없어서 나갔지. 결혼하려고 제주도 왔는데 아방이라. 허허. 3남 1녀를 낳아서 잘 키웠주게.

결혼한 다음에는 학원동에 살면서 낮에 농사를 짓고 밤에는 제주시 동문시장에 팔러 가고 했어. 추럭(트럭)에 동네 몇 사람이 타고 가서 패마농(파)이나 여러 가지 야채 싣고 가서 팔앗주. 또 부산에서 모아온 돈으로 결혼식하고 송아지 한 마리 샀는데 그게 돈이 됐어. 송아지 키워서 팔면 밭 하나라. 빚도 좀 내고. 그러면 그 빚을 물려고 부지런히 일해야 했어. 정말 어머니 말처럼 한가해야 우는 거지, 먹을 것이 없으니까 부지런히 일만 하는 거라. 밭이 있어도 움직이지 않으면 안 되니까.

아버지의 재심 무죄
기쁘고 섭섭한 마음

하도 억울하니까 재심을 신청했주게. 너무 억울해서. 다른 사람하고는 비교할 수가 없어. 우리 고생한 건. 그리고 내가 '아버지' '아버지'하고 말할 때마다 우리 어머니는 "느 버릇엇이 노는 거 아방 엇어부난 놀암샤? 느네 아방 꽝이라도 어디 강 촛아오라."(네가 버릇없이 노는 게 아버지가 안 계셔서 노는 거니? 네 아버지 유해라도 어디 가서 찾아와라.)

그렇게 어머니가 말하면 아버지 유해를 찾아야 어머니 살아 계실 때 아무거라도 하지, 하는 생각에 배설 나(심사가 마구 뒤틀려). 아버지가 무죄 선고될 때는 많이 기쁘기는 했지만, 어떻게 된 건지 한편으로는 섭섭한 생각도 들었어. 아버지가 살아계시면 한번 무슨 말이라도 할 텐데, 얼굴이라도 보고 뭐라고 한 마디라도 할 텐데, 그건 아니니까. 이젠 보상금도 나온다고 하니 얼마나 좋아. 옛날엔 4·3 이야기 꺼내지도 못했잖아. 우리 어머니도 쉬쉬하기만 했어. 돌아가는 이야기를 하지 않았지. 왜 그런지 모르지만 그렇게 했어. 어머니는 4·3 때 이야기를 말하지도 말고, 듣지도 말라고 했지. 그 집안이 어떻게 됐는지, 누가 죽었는지 그런 말을 묻지 말라고 했어. 어떻게 돌아가셨는지 확실히 알지도 못하는데 말 꺼냈다가 서로가 괴롭다고 하셨어.

고마운 남편덕
밤낮 일하며 봉사활동

고향에서는 줄곧 농사지었어. 우리도 미깡(감귤)하고 어머니 본 따라 밤낮 일했주게. 농사일로 바쁜 와중에도 새마을지도자도 하고, 봉사활동도 많이 했지. 그래도 조금 시간이 나서 흑산도도 가봤고, 외국도 다니면서 놀러도 많이 다녔어. 아방이 고마운 아방이어서 그런 일을 할 수 있었주게. 어머니는 팔십여섯 살에 돌아가셨어. 그렇게 젊을 때 고생해도 건강하게 살다가 돌아가셨지. 육지 가서 외롭게 살면서 글도 많이 써서 궤로 하나 가져왔는데 어디 갔는지 모르겠어.

〈구술 채록·정리 **허호준**〉

열네 살부터 오빠랑 제사 명절 했어

오청자

_1942년 생. 오라리 출신, 수원시 거주

아버지에 대한 의문

　난 1942년생이야. 오사카 생야꾸. 내가 거기서 태어났다고 그랬어. 아부지(아버지)는 1930년 초에 일본으로 갔어. 그런데 나중에 들었는데, 일본 유학을 가신 거래. 고향에 큰오빠와 어머니를 두고서 혼자 간 거지. 그런데 아부지가 일본 형무소에 갇혔다고 연락이 온 거야. 일본 사는 사촌할아버지가 전하길 아부지가 형무소에서 나왔을 때 보니깐, 사람도 아니고 귀신도 아니고 몰골이 형편없다고, 너무 건강 상태가 안 좋으니까 제주에 있는 엄마보고 오라고 했어. 그래서 어머니와 오빠가 일본 오사카 생야쿠에 들어가셨대. 그러니까 어머니는 37년도에 일본 가서 38년도에 언니를 낳았는데 뒷해(이듬해) 언니가 죽고, 작은 오빠를 40년도에 낳았고 42년도에 나를 낳아 2남 2녀가 되었지. 우리 아버지가 3년을 일본 형무소에서 살았더라고. 나와 작은오빠는 오십이 넘을 때까지 전혀 몰랐어.

　생야쿠에서 살다가 1944년도에 할머니가 돌아가셔서 우리들은 다 고향에 들어왔는데 아부지는 같이 안 들어오셨어. 당신 어머니가 돌아가신 건데. 독립운동 때문에 못 오신 건지 나는 몰랐는데 나중에 알고 보니 결국 거기서 독립운동 하신 거지.

그런데 해방이 되서 아버지가 못 돌아온 건 이해가 안 돼. 일본 사람한테 잘못했으니 못 돌아오지, 왜 못 돌아와? 나는 그렇게 생각해.

*오청자 부친 오평윤(吳坪允, 1910-?, 제주읍 오라리)은 공립보통학교 6학년 때 도일하여 대판세션합자회사 직공으로 일했다. 1934년 전협(일본노동조합전국협의회) 관계로 검거되어, 1935년 10월 14일 대판공소원에서 징역 3년 형이 확정되었다. 출옥 후에도 일본에 남아 활동하였다. 독립유공자, 국가 보훈처 건국포상(2008)

근데 왜 아부지는 토지도 많은 집안의 장손인데 일본으로 갔을까? 우리 부잣집이었어. 논도 좀 있었고. 우리 마을에선 논 있는 집이 두 집밖에 없어. 그런데 왜 일본에 갔을까, 그리고 해방돼서 남들 다 돌아올 때도 고향에 오지 못했을까? 그러니깐 내가 아부지를 미워하지.

옛날부터 나는 그랬어. 엄마 돌아가셨는데도 아부지가 아무 소식이 없었으니까 내가 엄청 운 적이 있어. 어려서 엄마 돌아가시고. 큰오빠도 죽고, 아부지도 소식이 없고, 오사카에서 혼자 살면서 아프니까 가족을 찾았겠지. 나는 아버지가 일본에서 큰오빠 죽은 소식을 듣고 너무 허망해서 더 살 기운을 찾지 못한 게 아닐까 생각하지. 일본서 맥없이 돌아가셨으니까. 큰오빠하고 아버지는 진짜 살아서 온다면 막 싸울 거 같애.

사범학교 다니던 큰오빠의 죽음

큰오빠가 1930년생으로 나하고 12살 차이가 나. 완전히 아버지 같은 오빠지. 나이 차가 있어서 그런가, 그래도 같이 놀았을 텐데, 그 기억은 없어. 외갓집 뎅긴(다닌) 기억은 나는데, 그 기억은 없어.

큰오빠는 일본서 학교 다니다가 돌아와서는 사범학교 다녔어. 제주시 칠성통인가 어디 그 쪽에 학교가 있었다고 들었어. 큰오빠가 좀 까불까불했는가 봐. 난 큰오빠가 어떤 활동을 하고 있다는 걸 느꼈어. '아침마다 오빠가 어디를 갈까?' 궁금해서 새벽에 오라리 내창(냇가)에 가는 걸 뒤따라 가본 적이 있어. 새벽인데 오라리 내창 주변에 청년들이 많이 있더라고. 그러다가 4·3이 난 거지.

4·3 때 우리도 산으로 피난 갔는데 저기 민오름 있는 데까지 갔어. 꽤 멀었어. 그래도 들렁귀쯤은 갔나봐. 엄마와 우리들 셋 있을 때야. 며칠을 지낸 것 같아. 우리를 내버려 두고 이제 쌀 가지러 내려갔는지 뭘 가지러 갔는지는 몰라도 밤에 엄마가 집으로 가니 얼마나 셋이 울어 재꼈는지 시끄러워서 굴속에 있던 사람들이 다 가버렸어. 엄마가 올라와 보니까는 주위에 아무도 없잖아. 그랬더니 그 이튿날로 엄마가 다 데리고 내려왔어. 집에서 죽으나 산에서 죽으나 똑같다고. 그냥 내려온 거야.

우리 집 있는 웃밧(위쪽에 있는 밭)에 사람들 쭉 세워놓고 쏘아 죽이는 것도 봤어. 지금 오라 노인정 있는 거기가 옛날에 공회당이었어. 마당이 넓었어. 거기로 오라1동, 2동 사람 다 불러내는 거야. 불러내면 다 가야 돼. 우리도 엄마 따라 다 가야지 뭐. 엄마 따라 가서 다 앉았잖아. 눈 감으래면 눈은 감고 샛눈 떠서 다 보지. 난 그때 다 보면서 알았어. 군인들이 어떻게 마을 사람을 죽이는지를.

그렇게 빵 쏘면 다 쓰러지는 거야. 보면 쏜 사람은 군인이지 뭐. 공회당 마당

1940년대 전후 일본 오사카에서 아버지, 어머니, 큰오빠

에서 그 놀이들을 많이 했어요. 사람들을 잡아와서는 눈 감으라고 하고 머리 헤치면 그냥 빠앙 쏘면 다 쓰러지데? 그때 처음엔 왜 (잡혀온) 사람들에게 눈을 감으라고 할까? 그 이유를 몰랐어요. 왜 감으랬는가? 누가 거기서 사람 집어내려고 그런 것이라고 했어. 그래갖고(그래서) 거기서 사람 많이 죽었어요. 그걸 내가 다 봤는데. 큰오빠 어디 갔냐고 누가 물으면 그걸 대답할 것 같애요? 그러니 큰오빠를 꼭꼭 숨길 수밖에 없지.

근데 우리 엄마가 똑똑한 것이, 엄마는 잡아가면 죽는 거니까 무조건 울라고 했어. 누가 찾아오면 작은오빠하고 나하고 엄마 팔에 매달려 얼마나 울었는데. 엄마 불러내서 뭐 어쩌고 얘기하면 얘길 못하게 막 통곡을 해버린 거야. 그러면 집안에 숨은 큰오빠가 아는 거지.

큰오빠가 마루 밑에 숨어 있었어요. 몇 달 있었는지는 몰라. 고팡(곡간, 고방) 마루 밑에. 그래서 누가 와서 막 시끄러우면 기침도 못하고 살았겠지. 불쌍하게도. 마루 밑이니까. 고팡에 창고 문이 있었지만 누가 와 들여다 볼까 봐 밥도 나와서 먹지도 못했던 거 같애.

그날은 큰오빠에게 나와서 밥 먹으라고 했어. 내 생일이지 않나, 내 예측이야. 엄마가 "나와서 밥 먹자." 그러니까 고팡에서 나와 부엌에서 머리 감고 다 씻고 들어와서 막 앉았는데 누가 창문을 두들기더라고. 그것까지는 다 기억해 내가. 근데 엄마가 요레(요렇게) 내다보더니 누구라고 하는 거 같애. 그러더니 그냥 안 나가야 되는데. 어떻게 감추든가 해야 하는데. 큰오빠가 나가더라고. 나가더니 그만이야. 창문을 두들긴 그 사람이 큰오빠가 숨어 있는 것을 알아서 온 거 같았어. 그 사람이 우리 집에 자꾸 온 거 같애. 엄마는 밤늦게까지 석유 불 켜놓고 삯바느질하고 그러면서 가끔씩 밖을 내다보다 말고 그랬어.

오빠를 데리고 가자 엄마가 매일 밤에 나갔어. 오빠의 행방을 알아보려고.

어디로 뎅겼는지도 모르지. 우리에게 "그냥 자라." 하고 나가면 밤 늦도록 들어오지 않았어. 아침에 보면 엄마가 와서 있고. 근데 어느 날, 그 날이 큰오빠 돌아가신 소식을 들은 거 같애. 엄마가 막 울더라고. 그래서 "엄마 왜 오빠 안 온대? 왜 울어?" 그랬더니 그냥 울기만 해. 근데 우리 어리다고 엄마도 이렇다 저렇다 오빠에 대한 말 한마디도 안 하고 돌아가신 거지. 엄마 돌아가신 후에 작은오빠가 그러더라고. 어떤 분이 찾아왔었다고. 큰오빠가 어디서 죽어서 묻었다고. 그러면서 장소를 알려줄 테니까 그때 가서 장사 치르라고 했다는데, 근데 그 사람도 안 왔고, 오빠는 시신도 못 찾고, 엄마도 돌아가셨고, 세월은 흘러버렸고.

그때까지 오빠가 돌아가셨단 생각은 요만치도 안 했어. 죽은 사람을 보지를 않았으니까. 그냥 죽었으면 사람들이 울데? 그러니 오빠 돌아간 소식을 일본 계신 아버지가 언제 알았는지 모르지. 지금 같이 전화나 있었어? 그다음 내 동생 죽고. 그다음에 할아버지 돌아가시고. 그다음 우리 엄마 돌아가시고.

오빠 제사가 음력 2월 8일인데, 큰오빠 제사는 작은오빠가 일본에 들어가 있어도 올케가 엄마 아버지 제사하고 다 해. 왜 오빠를 끌어다 죽였는지, 난 그게 의문이야. 뭘 잘못 했길래? 그 나이에 무슨 철(분별)이 있었겠어? 고등학생들이. 그때 상황을 알 만한 할아버지하고 어른 세 분이서 살아 있었는데 생전 얘기 안 해. 작은아버지들도 일절 얘기 안 해줘요. 절대.

근데 내가 4·3 희생자 신청을 할 때 (오빠를) 늦게 신청했어. 사람들이 오빠 보증을 안 서 주드라고. 그 친구가 고병식이? 누군지 암튼. 오빠와 일본에서 친구였대. 그래서 거길 찾아 갔어. 노인회장 하고 계셨는데 "잘 안다." 이러면서 "아까운 사람 갔다." 하더라고.

그립고 미운 엄마

여동생은 6살이었나? 내가 그때 아팠었어. 제주도는 눌(가리) 있잖아. 거기다가 가마니 하나 깔고 드러누웠더니 어떻게 된 지는 몰라도 점심을 잘 먹고 막 뛰어 뎅기다가 동생이 "가! 내가 잘 거여!" 그래서 "왜 니가 자? 엄마! 영자가 괴롭혀!" 그러니까 엄마는 여름이라 마루에서 바느질하면서 "애가 언니를 왜 괴롭혀?" 그러니까 동생은 그냥 배 아프다고 "내가 아프단 말여!" 그리고 드러눕더니 그냥 가버리더라고. 쉽게 가버렸어. 아프지도 않고. 제주도나 어디나 옛날에는 침놓는 할아버지들 있잖아. 그 할아버지 불러와서 침놓고. 병원도 갈 줄도 모르고.

내 동생이 아프다고 펄펄 뛰고 그랬을 때 나를 외할머니네로 보내더라고. 그래 갔다 오니까 없어. 영자 어디 갔냐고 길길이 뛰니까. 엄마도 같이 울고 그러다 말았는데. 죽으면 없어지는 건 알지. 내 동생은 오라리에서 태어나서 여기서 죽고. 어머니가 일본서 임신한 상태로 온 거지. 엄마가 돌아가기 전에 그렇게 큰오빠와 동생이 다 갔어.

엄마 돌아가실 때는 내가 11살이야. 할머니 상이 아니었으면 어머니가 고향에 들어오지 않았을까? 그러면 죽음을 피할 수 있었겠지. 엄마는 남이 주문하면 갈중이(감물들여 만든 중의)를 만들어 줬지만 당신 자신은 그 옷을 안 입었어. 항상 비녀 끼고, 밭에서 조금씩 일을 할 때도 몸베(일바지) 입었지. 엄마는 기모노를 뜯어서 동생이랑 내 치마저고리 만들어 줬는데 내게는 색동저고리를 많이 해서 입혔어. 동생은 내 옷에 샘을 내고 난 좋으면 너 입어라 하고.

어머니가 농사를 짓지 않은 것은 그래도 바느질 벌어서 하는 게 더 나으니까 했겠지. 우리 엄마는 사나웠어. 난 그게 싫은 거라. 바느질을 업으로 하니깐 실이 많이 필요한데 실을 타래로 사다가 썼어. 이렇게 실이 감아있는 것을 사다 쓰려면 비싼가 봐. 일어나면 엄마가 "학교 가기 전에 그거 감아두고 가야 엄마가 바느질한다." 하니깐 그거 세상 없어도 감아야 돼, 저녁에도 또 감아야 돼, 놀고 싶은데.

엄마는 돌아가실 때까지도 바느질했어. 이제 아파서 못하게 되니까는 일감을 돌려주라고 해서 돌려주러 갔는데 천으로 돌려준 거는 괜찮은데, 다 재단해놓은 걸 못 다해서 돌려주려면 욕을 바가지로 먹은 게 생각나. 그래서 "엄마, 막 욕해." 그랬더니 "그러니?"하고 말더라고.

엄마는 당신이 돌아가실 줄 알았던 것 같애. 엄마가 일본서 갖고 와서 사용하던 물건이며 이런 거 저런 거 있었는데 어느 날 미싱도 팔고 뒤주도 찬장도 팔고 궤도 하나는 팔았어. 남은 궤 반닫이에 돈을 놔두면서 우리에게 "궤 안에 돈 있는데 나 죽으면 이 돈으로 써야겠다. 그러니 이걸로 비가사탕 사먹으면 안 된다." 하시더라고. 그 돈을 고모들이 꺼내서 장례비로 썼을 거야.

돌아가기 전날이 음력 사월 초파일이야. 그날도 엄마가 우리 데리고 절을 세 군데나 다녔어. 엄마가 절을 열심히 다녔지. 도남 독짓골에 있는 절(구 관음사로 추정)을 거쳐 오현단 뒤의 절, 마지막으로 서문로에 있는 한데기 절을 갔어. 오현단 뒤쪽 절에 갈 때 냇가에 미끄러져서 엄마가 젖은 유동치마를 돌에 널어서 말려줬던 기억도 나, 햇빛이 좋아서 금방 말랐어. 엄마는 죽기 전날 우리를 데리고 절을 간 거지. 그것도 세 군데나.

돌아가시는 날 아침에도 내가 얼마나 엄마한테 앙살했는지 몰라. 그게 지금에 와서 후회가 되는 거야. 엄마가 "일어나서 밥해라." 그러는 거야. 나더러 밥하렌다고, 오빠 시키라고, 오빠는 안 시키고 왜 나만 시키냐고 악을 악을 썼지. 그러니 생전 잊어버리지 않아요. 작은오빠는 일을 안 시켰어. 아끼더라고. 그런데 나는 일만 시켰어. "저 놈의 지지배(계집애)는 그냥" 하면서 밥을 엄마가

오라리에서 동네 친구들과 4H활동 중에.

했어. 근데 엄마는 그날도 죽을 쒀서 먹었어. 엄마는 오빠 돌아가신 이후로 계속 죽을 먹었어. 그날 아침도 엄마는 죽 먹고 우린 밥 먹고 오빠는 학교 갔다 오라고 하고. 나는 오후반이니 물을 길어 놓으라고 하더라고. 우리 집에 항아리 중에 장독대에 물항아리 큰 게 하나가 있었어. 근데 그거하고 작은 항아리 두 개를 더 채우라고 해. 스님이 불공드리러 오시기로 했다고. 그 놈의 항아릴 채우는데 그렇게 큰 물항아리를 언제 다 채워? 우리 동네 오라리는 물이 귀해 구름물을 먹었으니까 구릉에 가서 길어와야 해. 큰 허벅으로 하면 한 너덧 번만 가면 될 텐데 대바지(작은 허벅)로 져 나르니까 오래 걸리지. 얼마나 길어다 채웠는지 그래도 한 항아리를 채운 거야. 그래 갖고 "한 항아리 채웠어 엄마" 했는데, 근데 그때가 언제쯤인지 몰라. 지금 생각해 보니 한 10시쯤 됐는가 봐. 엄마는 머리도 감고 비녀도 새로 끼고 누워 계셨어. "그래 나가 놀아라. 쪼끔만 놀다 와라, 놀다가 또 한 항아리 채워라." 그래서 "예" 해놓고 나가서 고무줄 하고 노느라고 정신이 없었지. 내가 물 길어 나르는 동안 벌써 동네 애들이 애기들 업고 우리 집 들어가는 올레, 거기 다 지켜있었어. 내가 물 다 채우면 같이 놀려고. 애들 포대기 그냥 담 옆에 앉혀 내버려 두고 우린 노는 거야. 그렇게 했는데 작은오빠가 학교가 가까우니 점심 밥 먹으러 온 거야. 작은오빠는 엄마가 걱정이 되었나 봐, "엄마는?" 그래서 "응, 엄마 몰라. 방에 있어. 자고 있을 거야." 해놓고 뭐 따라 들어가지도 않은 거야. 오빠가 나오더니 "엄마가 죽어도 모르고 너는 고무줄이 그렇게 중한 거니?"하는 거야.

다른 애들은 놀라서 애 업고 도망가기 바쁘지. 다 가버리고 나만 남았어. 들어가 보니까는 진짜 돌아가셨어. 이부자리 싹해서 깨끗한 걸로, 우리들하고 덮던 거 아니고 싹 새로 깔고. 옷도 다 갈아입고 입었던 옷은 다 옆에다 놔두고... 돌아가실 걸 알았나봐. 난 그래서 그게 지금도 의심이 간다고. 자살했나? 죽었나? 명이 거밖에 없었나.

　며칠 전 일이 생각났어. 엄마가 일본서 들고 뎅기던(다니던) 가죽가방이 있어. 이모가 어느 날 빨래해 갖고 온 것을 개어 그 가방에다 딱 딱 담더라고. 그랬는데 거기서 한 벌 꺼내 입고 화장하고 수의 같이 옷을 입었더라고. 우리가 들어가니까 벌써, 눈물이 여기서 쭉 흐르고, 입에서 침이 쭉 흐르고, 그게 마지막 가는 거라고 그랬는데. 가시니까 그만이지 뭐.

　근데 나는 어렸을 때도 그랬어. 엄마 죽고 나니깐. 아 죽음이 뭔가? 나는 그게 이해가 안 갔어. 엄마 장례식에도 하관 전까지는 안 울었어. 실감이 안 나서. 하관 시간이 되어 칠성판에 누운 어머니가 땅 속에 들어가는 것을 보고서야 왜 우리 엄마를 묶어 집어넣느냐고, 우리 엄마 무슨 죄를 져서 땅에 묻느냐고 몸부림치며 펑~펑 울어서 장례식에 온 동네 사람들이 다 울었다고 해. 그땐 누가 엄마를 죽인 줄 알았어. 그런데 이제 생각해보면 엄마는 화병인 것 같애. 옛날에는 왜 큰아들은 장손이잖아. 어머니 죽음은 그치, 큰오빠 때문이야. 아버지 죽음이고 엄마 죽음이고 다 큰오빠 때문이야.

　난 아버진 전혀 몰라. 아버지는 3살에 헤어져서 그만이니까. 아버지가 엄마를 많이 원망했다고 그래. 귀국할 때 큰오빠를 안 데리고 가게 하려고 그랬는데 엄마가 우겨서 제주도 데리고 들어와 결국 죽었다고. 지금 생각인데, 엄마는 아버지가 독립운동 하는 데는 관심 없었던 것 같애. 관심이 덜하니깐 아들 데리고 와버렸겠지.

　살면서 엄마 꿈을 수시로 꿨어. 우리 집에서 연미마을로 올라가는 서슬동산으로 엄마가 나타나 나 옷을 잡아당기며 "너 여기서 고생하지 말고 나하고 가자"고 하는 거야. 그러면 난 싫다고 도망가고. 엄마는 하관 때 입은 옥색 한복 차림이었어.

1980년대 오사카 동성구에 있는 오빠 환갑 때 방문 기념.(왼쪽 6명 오빠 가족들, 오른쪽 뒤 오청자 씨 남편과 오청자 본인).

돌아간 후 벽장 안에 하얀 커튼 치고 어머니 상(영정)을 놓았는데 그땐 상식(上食)을 했잖아. 고모할머니가 밥 올리라고 하면 난 엄마가 잡아 다닐까 봐 무서워서 얼른 놓고 나왔어.

엄마 생각하면 관을 못해서 칠성판에만 눕게 한 것도 마음에 걸리는데 엄마 묻은 곳은 빌레깽이(돌 자갈이 많은 땅)에 가시넝쿨이 있는 곳이라 벌초하기도 힘든 곳이었어. 우리 밭도 있었는데 왜 거길 모셨는지. 나중에 일본에서 아버지 유골 올 때 같이 이장해서 선산에 모셨고 나중에 화장해서 국립현충원으로 모셔갔는데 내가 화장하고 나서야 그런 꿈을 안 꿔. 엄마 생각하면 그립기도 하지만 내가 너무 잘못한 점이 많은 것 같애. 살면서 엄마 닮아 똑똑하다는 소리는 많이 들었지. 엄마가 죽성김씨 집안의 딸로 똑똑했다고 했어.

쑥대밭이 된 외가, 죽성마을

우리 외가는 대나무가 많은 죽성마을이야. 외할아버지는 일제 때 구장이었어. 해방되서 구장들이 마을 청년들에게 집단 몽둥이찜 당할 때도 외할아버지는 건드리지 못했다고 했어. 외삼촌 넷이 덕망 있고 마을사람 반이 친척이어서. 외가 집 가면 사랑채에 할아버지가 계시고 안채에 할머니가 살고, 넓은 집 뒤로는 밤나무가 하늘을 찌르고 마당에는 석류나무가 있었어. 제삿날 놀다가 그걸 하나 따려고 하면 뒤에서 할아버지가 "에~흠" 해서 놀라 도망가고.

외삼촌들 네 분이 4·3 때 다 죽었어. 첫째, 둘째 외삼촌은 교사였는데 서대문형무소에서 행방불명되었고 셋째 외삼촌은 수장 당했다 하고, 광주에서 공부한 넷째 외삼촌은 인천형무소라고 했던가, 아들들 때문에 위험해진 외할아버지를 큰이모부가 외가 집에서 데리고 나가는데 뒤에서 총 쏘아 두 분 다 돌아가시고. 들은 말로는 외삼촌 잡으려고 할아버지를 죽였다고 해. 부모 장례식에는 나타날 거라고. 장례 끝나는 대로 외삼촌들이 다 잡혀갔거든. 외갓집 남자는 외할아버지까지 다 죽고 외할머니만 남았어. 그리고 마을도 불타고(48. 11. 7.), 그러니 외가도 망한 거나 마찬가지야. 죽성은 4·3으로 없어진 마을이 되었지. 엄마가 외할머니를 차마 우리 동네는 못 모시고 동카름(동쪽마을)에 집 사서 살게 했어. 그러다 엄마가 돌아가시니까 큰고모네로 가 살았어. 외할머니는 나를 엄마 잡아먹은 년이라고 구박했어. 야물차고 인정도 없는 할머니였어. 그러던 할머니가 죽기 보름 전에 나를 데려오라고 사람을 보냈어. 큰고모네 집으로 갔더니 각제기(전갱이) 반 쪽 구워놓고 작은 솥에 쌀밥 지어서 당신 밥도 뜨고 내게도 떠 주면서 먹으라고 했어. "난 쌀밥보다 보리밥이 더 좋은데." 했더니 "어서 먹어라, 나 저승가면 느 어멍신디(네 엄마에게) 뭐라고 말하니? 먹어라." 하시는 거야. 할머니가 같이 사는 두 살 위 사촌에게도 같이 먹으라고 하면 좋았을걸. 외할머니가 물 길어놓고 가라고 해서 사촌 언니에게 같이 가자고 했을 때 사촌 언니가 내게 얼마나 쌀쌀맞게 굴던지. 나 혼자 설새미우물에 가서 물 한 항아리 채워놓고 돌아왔지.

　엄마 돌아가시고 고모할머니가 집에 오셨어. 3-4년 같이 살았나 봐. 고모할머니도 죽성김씨 집안이라 아들 손자 다 죽어서 대가 끊겼어. 마을도 불타 없어지고 그래서 이 할머니가 갈 데가 없어. 그러니까 친정에 여자 어른들이 모두 죽었으니 와서 사신 거지. 고모할머니는 외갓집 얘기라도 나오면 "야, 입 다 물어라이~, 입 다물어라." 하셨어. 그때는 그래도 막내 작은아버지가 계시고, 고모할머니가 계셔서 엄마 돌아가셔도 별로 표가 안 나더라고. 그래도 인력이 없어 제때에 지붕 이엉을 갈지 못하니 바깥채는 세를 주었어.

　바깥채에 살던 식구들 할아버지가 있었는데 술을 좋아하는 노인이었어. 그 할아버지가 외양간에 소를 밖으로 내몰기에 난 소 물 먹이러 가는 줄 알았지.

봄이니까 고모할머니가 마루 양지쪽에 앉아서 이를 잡고 있었지. 그렇게 이를 잡고 있는데 "웩" 토하는 소리가 들렸어. 그래 할머니가 "무슨 소리냐?" 묻고 나는 "밖거리 하르방이 술 먹으난 토하는 생이라.(바깥채 사는 할아버지가 술 먹고 토하는 것 같아요.)" 대답했지. 할머니는 "내버려 둬라. 에이구, 그 아들네 헌 집 사서 새로 집 지을라고(지으려고) 식구들 다 가고 없는데." 그러고 말았어. 그래서 나는 얼른 보리밭에 풀 뽑으러 가려고 그리로 가다 보니까 그냥 웩웩하며 거기 외양간에 앉아 있는 거야. "할머니, 할머니, 저 저 쫌 보시라"고. 그래 보니까 목을 맨 채 무릎 꿇고 앉았더라고. 할머니는 "에이고 이 늙으니 왜 이렇게 죽어." 그러면서 아랫집 울타리 너머로 할아버지 죽었다고 했더니 사람들이 와서 하는 말이 이사 잘못 와서 죽었다고 하는 거야. 근데 가족들은 술 먹은 사람 그렇게 없어지니까 잘만 살대, 뭐. 맨날 술만 그렇게 먹고 소리소리 지르다 없어지니까 뭐. 사람이 있는가 없는가도 몰르것고(있는지 없는지도 모르겠고). 어쨌든 우리 집 이사 와서 그 이듬해 그렇게 돌아가신 거야. 그 일로 또 내가 충격을 얼마나 받았는지, 그게 내가 본 7번째 죽음이었어.

　근데 막내 작은아버지가 군인 가자 고모할머니가 가버렸어. 조카까지는 돌보지만 조카 손자까지는 볼 수 없다는 거야. "이젠 네가 알아서 다 해라." 하며 가신 거야. 내가 까탈스럽게 군 거 같아. 엄마 유품 다른 사람이 만지는 것도 싫어하고 그랬으니까. 사실 고모할머니는 조카네가 남문통(현 제주시 중앙로길)에 방을 마련해 놓고 있었어. 언제라도 오시라고. 그러니 우리에게 와서 살아준 건데 그 고마움을 그때는 몰랐으니까.

　엄마 돌아가신 후로는 일본 간 작은이모가 옷 보내줘서 입었어. 주름치마, 쉐타(스웨터). 이불껍데기(이불포)도 좋은 것으로 보내주고. 내 치수 맞게 한복감 한두 벌 재단해서 만드는 법까지 꼼꼼히 적어서 보내주면 난 그걸 팔아 세

관비 냈지. 그땐 세관비가 엄청 비쌌어. 한국에서는 나이롱치마, 블라우스가 막 나와서 얼마나 옷이 쌌는데 그 비싼 옷을 입을 이유가 없고 또 팔면 돈이 되니까. 작은이모가 우리 옷을 챙기는 것은 우리 엄마에게 약속한 거래. 자주 부쳐줘서 옷은 그래도 부잣집 딸처럼 입고 다녔어.

14세부터 맡은 제사들

고모할머니가 가고 나서 14살부터는 오빠랑 둘이 제사 명절하며 살았어. 그 많은 제삿날 지금도 잊어버리지도 않아, 오빠도 마찬가지지. 그래서 오빠가 일본 갔을 때 친척 할아버지 찾아가니까 제사가 언제냐, 산소가 어딨냐? 그런 거 묻고는 정확히 대답하니까, "응, 손자가 맞구나." 그랬대.

2월달에 오빠 시작으로 11월달 마지막 제사까지 모두 6번인가 7번인가 돼. 옛날엔 명절도 네 번 했어. 한식하고 단오하고. 14살에 뭐 하자고 조상 제사를 그렇게 했을까. 내가 바보짓한 생각을 허면 울화통이 터져. 미쳤어. 난 내가 미쳤다고 그래. 그것 안 해도 아무도 뭐라 안 할 건데, 왜 그랬을까. 누가 조금만 힌트를 줬으면 그렇게 살지는 않았을 텐데 말야.

제사 때 손님들은 얼마나 많은지, 친척들이 많이 와서 쌀 한 말(필자주: 한 말은 넉되)은 밥을 해야 먹이는데 어떻게 한 말을 해? 두어 되로 밥해서 한 숟갈씩 밖에 못 퍼. 과일은 집에 댕유자나무 있으니까 그거 따서 보관했다가 다음 해 열릴 때까지 제수용으로 쓰는 거야. 사과는 비쌌어. 국은 생선 무국, 옥돔은 못 사고 각제기(전갱이) 국을 주로 했어. 여름에는 갈치호박국도 하고. 콩나물은 집에서 늘 키웠지. 삼색나물도 제대로 못 올리고 보통 고사리, 콩나물 두 가지만 했어. 메밀묵 쑤고 보릿가부로 네보난 묵 시시면 그게 제사 음식이야. 증조할머니는 쌀 한 되 갖고 아들 며느리 손자까지 데리고 제사 먹으러 와, 쌀 갖고 오는 사람도 그 할머니 한 사람뿐, 나머지는 상웨떡(밀가루로 만든 떡, 상화떡)이나 술이나 감주 한 병 들고 오는 거지. 돼지고기적은 길이가 점점 작아져 꼬치만 하게 대나무 살로 된 꼬지(꼬치)에 꿰어 올리는 거야. 그래도 그 음식을 골고루 나눠. 어른 있는 집은 더 싸서 보내고. 증조할아버지 제사 때는 넛하르방(넛할아버지) 형님 마나님(이모할아버지 형님의 부인)까지 파제 끝난 그 밤에 제사 음식 가져갔어. 고모할머니가 시키더라고. 여름 음식은 다음 날까지 못 두니까. 한내창(백록담 아래에서 발원하여 바다까지 흘러가는 제주에서 가장 긴 하천) 너머 사는 할머니 집에 갔다 오면 날이 새어버려. 난 가다가 배고프면 한내창에 앉아 고기적이랑 먹어버린 적도 있었지. 자는 사람 깨워서 음식 드리면 할머니는 "고기는 돈 없어서 못 했구나." 하시고.

엄마 제삿날은 동네 제사야. 오빠 친구들이 다 왔어. 제사가 초파일이라 오빠 친구들이 절에 돌아다니다가 10명씩 몰려와서 절하는데 그 중 나하고 결혼하겠다고 말하는 방앗간 집 아들이 있었어. 옆의 친구가 절하며 "야, 네 장모 제사에 절 잘 해." 농담을 하니까 뒤에 있던 작은아버지가 절하는 오빠 친구 엉덩이를 걷어찬 거야. 그러니 그 오빠가 제상 밑으로 들어갔어. 그런 불상사도 있었지.

제사 명절 모시려면 오라리에서는 산이 가까우니까 나무해다 팔면서 그걸로 제사지낼 쌀 사고 했지. 집에서 멀지 않은 곳에 민오름이 있지만 민오름에 나무가 어디 있어? 한라산에 들어가야 해. 연정이 언니(필자주: 오라리가 고향인 4·3유족)하고는 같이 맨날 뎅겼어(다녔어). 도끼도 산에 들어가면 거기 다 있어. 나무를 잘라 깨어갖고 온 나무를 잘 말려서 장에 파는 거야. 매일 매일 갔지. 서문통 시장에. 그땐 오라리에서 돈벌이가 그것밖에 없었어. 그러다가 조금, 한 5, 6년 지나서는 밭(표고버섯 밭)에 버섯 따러 다녔어. 거기 집이 있어서 일꾼들은 거기서 자면서 숯불 피워서 안에서 말려. 우린 자지는 않고 따라만 뎅겼지.

가족사진 불태우고 떠난 고향

　내가 얼마나 독한 년인지. 내가 육지로 떠나오면서 사진, 옛날에 사진, 엄마 사진이고 아버지 사진이고 뭐, 뭐 다 갖다 우영팟(텃밭)에 놔서 불 싹 질러서 나왔어. 내가 살아온 일이 억울하고 기억하고 싶지도 않고. 나를 고생시킨 원망만 여기 가슴에 잔뜩 쌓아놓고 살았으니까.

　일본에서 찍은 사진들을 4·3 때 다 갖다가 항아리에 담아 묻었던 것을 캐내니깐 얼룩얼룩 지고 그랬지. 어머니가 군인, 경찰이 와서 다 내놓으라고 그럴까봐 숨겼나봐. 어머니가 보관한다고 묻었다가 나중에 캐낸 건데 물 들어가서 곰팡이도 더러 피고… 하지만 이제 생각하면 귀한 사진들인데.

　난 24살 때, 오빠 결혼하니까 살림을 맡겨두고 집을 나와 버린 거야. 고향에서는 결혼하고 싶지 않았어. 살아온 게 억울해서. 고팡에 제기며 항아리며 옛날 서적들을 담아 열쇠로 채워놓고. 도배할 때는 책이 창호지로 돼서 벽에 잘 붙으니까 북북 뜯어서 도배지로 썼어. 내겐 아까울 게 없으니까. 그래도 조그만 궤짝들 안에는 남은 책이 많은 거야.

　결혼은 여기 수원서 했지. 나는 결혼할 나이가 넘었는데도 결혼할 생각이 없었어. 에이 안 할라고 했어. 일본을 가려고 했지. 수원 사는 막내 작은엄마가 나보다 한 살 더 먹었어. "와라. 거기서 그런 고생만 하지 말고. 넓은 세상 좀 보면서 와서…" 그렇게 거기 가 봐도 뭐. 작은아버지 밑에서 장사를 하니까. 거기서 점원으로 밥만 얻어먹고 있었던 거야. 가게 볼 때 일본 사는 작은이모가 보내 준 주름치마 입고 있으면 그런 옷 어디서 구했냐고 했어. 제주는 일본과 가

2020년 여름 국회 앞에서(맨 왼쪽이 오청자 씨).

까워 의복은 수원보다 나았던 것 같아. 그러다 시집가라고, 중신(중매)한 작은엄마가 하도 남편 칭찬을 하길래 내가 "그렇게 좋으면 작은엄마가 나 대신 갈래?" 했다니까. 내가 마음을 못 잡는다고 "저 년을 그냥 놔두면 안 된다. 어디 보내야지" 하며 강제로 시집보낸 거야.

  남편은 강원도 사람이야. 시아버지가 9남매를 낳았는데 3남매는 이북에 떨어지고 6남매를 할머니, 할아버지까지 모시고 이남으로 온 거야. 그런데 잘 살기나 해? 남편은 첫 마누라를 자궁암 수술 후유증으로 잃고 어린 딸 데리고 사는 남자였어. 나를 한번 보더니 어린 딸이 "엄마, 엄마" 하는데 그것이 가엾더라고. 또 인연이 되려고 그랬는지 아이가 예쁘더라고. 내가 만일 아이 못 낳으면 이 아이 키우며 살아야지 생각했으니까. 시어머니가 계모였어. 계모까지 있다는 걸 알았다면 안 했지. 그것도 내 딸보다 어린 자식이 둘 있는. 남편은 가진 것 없지 혹 달렸지 동생들이 줄줄이 있으니 내가 끌릴 게 뭐 있겠어. 사립학교 서무과 임시직으로 들어가서 월급이 쬐끔(조금) 하고, 그래도 우리만 먹고 살면 어떻게 되겠는데 시아버지가 중풍 5년 있더니 치매가 오더라고. 그래서 입원했다 퇴원했다 하는데 그 비용을 우리더러 내라는 거야.

  나중에 내가 수원 작은엄마에게 따졌지.

"작은엄마, 이 사람(남편) 뭐가 좋아? 와이로 얼마 먹었어? 먹어도 보통 먹지를 않았어."

"그게 무슨 말이냐?"

"이 사람 빚쟁이인 줄 몰랐어? 경기도 가평에 빚이 잔뜩 있어서 몇 년 빚 갚느라 나 고생고생했어."

"그랬냐? 왜 그런 말을 여지껏 한 번도 안했냐?"

지금도 미안한 작은오빠

엄마 돌아가시고 어린 내가 집안일 하고 나무하러 다닐 때 두 살 위 작은오빠는 학교를 다녔어. 낮에는 병풍 만드는 일 다니고 야간으로. 이모 시동생이 오빠를 가르쳤어. 그이는 송죽학교 선생이라 오빠를 송죽학교 야간으로 들여 놓고 졸업하게 한 거지. 난 샘통이 나서 오빠에게 좋은 말을 하지 못했어. 밤에 야간공부 마치고 오면 얼마나 배가 고플 거야? 그래 밥 있냐고 물으면 난 "밥 없어, 찾아 먹던 지 말던 지." 하면서 있는 밥도 안 차려줬어. 오빠가 가루음식 좋아해서 보리쌀 한 말을 방앗간에 갈아서(빻아서) 풀데기 죽도 쒀서 먹고 조베기(수제비)도 만들어 먹고 했는데 내가 성질부려서 그걸 안 해주는 거야. 밥? 보리쌀 삶아서 밥하려면 시간이 어딨어? 대충 가루로 만들어 먹고 산 거지.

사실 나도 너무너무 공부하고 싶어 오라국민학교 6학년 야간에 다니긴 했어. 학교에서 졸업장 준다고 했는데 월사금을 못 내서 받으러 갈 수가 있어야지. 그러니 왜 나는 여자로 태어나서 밤낮 일만 하고 오빠는 공부를 하느냐고 성질이 날 대로 나는 거야. 작은오빠는 고등학교를 가려고 시험 봐 갖고 그랬는데. 입학금만 대달라고 해도 대주는 사람이 없어. 먹을 것도 모자라는 판인데 누가 공부를 하라고 하겠어. 그래서 중학교 졸업하고 군대 간 거지. 한 일 년 놀다 그냥 군인 간 거지.

올케는 도두리 사람이야. 거기도 4·3 때 부모를 다 잃었어. 작은오빠와 올케 큰오빠가 군대에서 같은 동기였어. 올케가 서울서 살았거든. 서울서 태평양화학인가 다니다 왔으니까, 그 오빠하고 작은오빠하고 친구니까 소개로 만나 결혼했는데, 비슷한 처지라서 결혼이 쉬웠겠지. 그런데 작은오빠와 올케는 너무 안 맞았다는 거야. 주변 식구도 안 맞고. 뭐 하나 해도 지(올케) 잘못했다는 사람만 있지, "그랬냐" 하고 사정 헤아려 들어주는 사람이 없었어.

오빠가 26세에 결혼하고서는 어린 올케에게 그 많은 제사를 맡겼으니, 그러니깐 언니가 살 수가 있어? 더군다나 작은시어머니가 한 집에 마주보며 살았으니 뻔한 거지. 한번은 올케가 수원 우리 집에 찾아왔었지. 왜 그만뒀는지 이유를 물어보자고 했어. 올케가 울면서 그러대. 처음엔 애는 시집에 내버리고 갔는데, 돌도 안 지난 거. 그거 우유도 없고 밥 끓여서 먹이려니까 어떻게 해? 그래서 오빠는 키울 수가 없다고 연락했더니 와서 데리고 갔어. 모든 게 다 신랑 잘못이지 뭐. 24살 때 시집 왔나봐, 그래서 25살 때 첫 애 낳고, 26살에 시집을 나갔어.

올케를 오빠랑 한번 서울 가서 만났는데. 애기 낳았더라고. 재혼한 거지. 아, 우리를 보니 잡아먹을 거 같았어. 한이 많이 쌓였더라고. 딸은 양자 줘 버렸다고 없다고 했어. 저기 필동 무슨 영아원에 있다고 해서 그리 갔더니, 입양해버렸더라고. 오빠하고 가서 만났을 때 아유, 무서웠어. "걔랑 나랑 그때 다 죽었다"고, 그 때 한꺼번에 죽었는데 왜 죽은 사람을 찾아왔느냐고 그렇게 난리를 치는 거야. 아, 꽁지가 빠져라 도망 왔어. 양자 보내기 전에 올케가 딸을 데리고 왔었대. 오빠네 집 가서 봐달라고 했더니 못 봐준다고 그랬는가, 그래서 그렇게 갖다 맡겼나봐. 서류상에 안 찾기로 했더라고, 다 내 잘못이야, 내가 집을 나와버려서. 올케를 지키려면 나오질 않았어야 돼. 작은엄만 나한텐 아무 소리 못했어. 내가 있었으면 절대 그렇게 못하거든. "당신네(작은아버지) 군인 가서도 내가 뒷감당 다 해왔고. 군인 갔다 휴가 와서 술값 여기저기 벌려놔도 내가 다 갚으면서 조상 제사 다 하며 살았어." 하고 말할 수 있으니까. 지금 그 소리 하면 "뭐 그런 게 있었냐?" 그러지. 나도 왜 그랬는지 내 살기도 막막한데 그러니 내가 나에게 미쳤다고 그러잖아. 그 사람 오면 외상값 받으라고 그러고 말지 왜 물어. 다 귀찮아서 물은(갚은) 거야. 나중엔 그 소리 하니까 그런 일 없었대. 그래도 그 작은엄마는 알지. 그러니까 작은엄마가 결혼해서 나한테 시집살이 했다는 거 아냐? 한 살 밑에 조카딸한테 시집살이 했대.

올케가 작은오빠를 원망한 데는 오빠 잘못이 있지. 남자 하나 보고 시집 왔으면 남자가 좀 감싸줘야 하는데, 오빠가 나갔다 오면 올케가 작은엄마가 뭐 어떻게 허고 어떻게 허고 막 이르면 감싸주긴 커녕 왜 그렇게 했느냐고 부부가 싸우고. 작은오빠 입장에서야 작은아버지, 작은엄마한테 대들 수 없으니까 그냥 색시만 갖고 나무래고 그랬으니, 나중에라도 도닥거려줘야 되는데, 그런 게 없었으니깐. 이제 보니깐 작은아버지가 어떻게든지 같이 사는 집에서 오빠네를 내쫓을 여산(궁리)만 한 거야. 그래서 올케에게 더 못되게 굴었던 거야. 올케가 이혼해서 나가고 오빠도 일본가니까 그 집 독차지하고 사니 얼마나 좋아.

이혼한 오빠는 일본으로 떠날 결심을 했어. 결혼도 실패하고 빚도 지고. 옛날이라 그런가? 자기 밭 갖고 농사지으며 살아도 농협 빚을 많이 지더라고. 고향에 밭 하나 있었는데 그 밭 팔아서 빚 정리하고 그러곤 일본 갔지. 스물아홉인가? 작은오빠가 일본 가니까 사촌할아버지가 장손이 왔다고 하면서 "그 많은 재산 어쩌고 여기로 왔느냐"고 하더래. 재산은 무슨… 다 없어진 걸.

특별조치법으로 넘어간 조상 재산

그래서 내가 원망하는 게 특별조치법이야. 특별조치법 때 할아버지 이름에 있는 재산을 싹(모조리) 작은아버지 명의로 해버린 거야. 조카고 뭐고 동생이고 생각도 안 하고 당신 이름으로 다 했어. 난 수원에 있었으니까 몰랐지. 그런 후에 특별조치법 나고 몇 년 만인가, 내 작은이모님이 노상 우리 아이들 보고 싶다고 해서, 내가 애들 셋을 다 데리고 제주 갔어. 그때 집안의 아저씨를 만났어. 집안의 아저씨도 조상 재산에는 관련 되잖아요. 그게 왜냐하면 할아버지 사촌이니까. 그 때 말로는 뭐 고조할아버지가 돌아가시기 전에 어린 아들도 늙은 아들도 똑같이 재산을 나눠 줬다고 그래. 선산들은 아무래도 산소들이 있어서 관련될 텐데 작은아버지가 모두 당신 앞으로 허니까 조끔 배앓심이 있어서 나한테 고자질한 거 같애. 특별조치법이 있었다는 걸 그때까진 몰랐어요, 그분이 "이렇게 이렇게 해서 작은아버지가 다 자기 이름으로 했다." 소상하게 얘기하더라고. 허거나 말거나 뭐. 내가 거 관심 가질 바가 있어야지.

북으로 간 아버지 형제들

할아버지는 아들만 6형제인데 우리 아버지가 첫째지. 제주도에 사셨던 분은 다섯째, 수원에 사셨던 작은아버지는 여섯째 막내야. 아버지 밑으로 세 분은 일본에 있었는데 아버지와 바로 밑에 동생만 남고 셋째, 넷째 작은아버지와 가족들은 북으로 갔대. 셋째 작은아버지는 일본 조총련학교에서 교감 노릇했는데. 오평욱인가? 북송선 타고 월북해서 함흥 면장했다는 얘기를 오빠가 일본에서 들었대. 거기서는 왔다갔다 하는 사람들이 많아서 잘 듣더라고. 이북에서 돌아가셨어.

넷째 작은아버지도 교육계에 있었대. 우리 집이 외가 친가 다 교육자 집안이야. 근데 북한으로 갔는데, 자기네가 얘기한 거하고 상상 밖으로 틀려서 자살했다는 거 같애. 둘째 작은아버지는 일본에 살다가 동생이 북한에서 죽은 충격으로 돌아가셨어. 15년 식물인간으로 살다가. 우리 집안은 혈압, 심장 쪽이 약한 모양이야. 그런 충격 받으면 그냥 돌아가시더라고. 나는 아버지 돌아가셨는지도 몰랐지. 솔직히 아버지도 북으로 간 줄 알았어. 기가 막히나마나 아무것도 모르고 산 거야. 나는 약이 올라서 "우리 아버지는 자식 생각 한 번도 안 한 거야. 나는 아버지 없이 태어난 자식"이라고 말하고 다녔는데 아버지는 당신이 고향에서 한 일이 없다고 돌아갈 면목이 없다고 했대요. 그 말 듣고 그땐 일본이나 한국이나 다 어려운 때라 그냥 이렇게 사는 거로구나 그저 체념하고 살 밖에. 일본으로 갔던 아버지 형제들도 지금은 다 돌아가셨지.

작은이모 남편이 4·3 때 일본으로 도피해서 가서 살아요. 우리 엄마 돌아가신 후에 이모부 만나러 일본 갔다가 동경 시장 근처에서 우연히 아버지를 만났대요.

"아니 형부 아니세요?"

아버지가 딱 잡아떼더라고 했어. 그런데 아버지가 차차 생각해서 이모를 알고 뒤를 쫓았나 봐. 이모가 미행하는 감을 잡아서 얼른 집으로 들어가서 누가 나를 찾는 사람이 있으면 없다고 하라고 숨어버렸대요. 아버지는 그 앞에 와서 잠복한 거야. 이모가 나올 때까지. 이모가 악을 쓰며 말했대.

"어떻게 언니가 죽었는데 소식 하나 없었어요?"
"자식도 없는데 내가 고향에 뭐 알고 싶은 게 있겠어?"
"왜 자식이 없어요? 오누이가 잘 크고 있는데."

아버지는 우리 가족 모두 죽었다고 알고 있더래. 아버지 형색은 반 거지로 형편이 없더래. 이모는 그런 아버지라고, 남의 집 이 층 다다미방에 살고 있더라고, 아버지라 하지도 말라고 하더라고.

열네 살부터 오빠랑 제사 명절 했어

독립유공자 아버지

제주에 사는 우리 (다섯째) 작은아버지 앞으로 보훈청에서 김영삼 정부 때 독립운동가 유족 신청하라고 온 거야. 우리 작은아버지도 어렴풋이 아버지가 운동을 했다는 것만 알았지 정확한 거는 모르니까 우리한테 말을 안 해주고. 그러니까 전혀 몰랐지. 수원 사는 막내작은아버지가 속상하면 "우리 형님은 애국자셨는데…" 하는 소리를 몇 번 듣기는 했어. 10년쯤 뒤에 벌초하러 갔다가 만난 친척이 묻더라고.

"느네 아방(너의 아버지) 독립운동 했덴 헤신디(했다고 들었는데) 그것 신청 헤시냐?(했니)"

난 못 들었다고 했지. "담당자가 집에 갔는데 아무도 없어서 돌아갔다고 하니까, 너라도 다시 해 보라." 하시는 거야. 작은아버지가 말하는데, 언젠가 보훈청에서 편지를 가지고 왔었대. 유족 신청을 하라고. 독립유공자 신청허는 거는 알았는데 그 말도 잘못했다가 쿠사리(면박) 먹을까 봐 그래서 안 한 거야.

"그거 보훈청에서 온 편지 어딧수과(어디 있습니까)?"
"그냥 보냈다!"
"그거 귀중한 건데 찾아봐 줍서(주세요)."
"모르켜(모르겠다) 몰라, 찢어 버렸저!"

그것도 한참 흐른 후에 1995년돈가 96년돈가 그래. 내가 얼마나 속이 터져. 세상에! 그거 좋은 일인데, 그거 우리 잘 먹고 잘살까봐 그런 소리 했냐고, 그

거 가지고 온 지가 벌써 10년이 흘렀어. 그래 늦게 가서 하려니 뭘 알겠어. 내가 배우기를 했어 뭘 했어, 아무것도 모르지. 그래도 시청에 들어가서 이러이러 했다고 사정을 얘기하니까 모른대. 이제는 그쯤에 그거 가지고 우리 집에 왔던 사람 찾으니까 경상돈가 어디 가고 없대. 그러니까 뭘로 알아? 그래 그냥 내버려 뒀지. 가서 알아보려고 해도. 뭐 시청에나 들어가서 뭐라고 하다가 그럴 수가 있느냐 소리나 지르다 나와 버리고. 작은아버지에게 아버지 얘기를 듣고 싶어도 그 분들은 아, 관심 없어. 자기 고생한 생각들만 해, 다. 일절 입 다물어. 아버지에 관한 말은 전혀 안 해 줘.

나는 아버지가 일본에서 무슨 일을 했는지는 몰라요. 전혀 우리 형제는 몰랐어. 신청하라고 그 쪽지를 갖고 왔다고 그러니까 "무슨 쪽지요?" 그러기만 했지. 그러니까 우리 (5째) 작은아버지도 얼떨결에 그걸 거절한 거 같애. 일본에서 돌아가셨는데 빚이나 잔뜩 져서 물라고 연락이 온 거 아닌가 하고.

김영삼이가 대통령이 되면서 그런 거, 해외 독립운동 기록이 다 나온 거야. 들썩거린 거야. 근데 그걸 어디 가서 해? 어른들이 알아서 얘기해줘야 신청을 하지. 그리고 그 쪽지가 온 것을 들고 가서 따지면 보훈청에서는 알 거란 말이에요. 근데 그것도 없지. 아무것도 없이 가서 무조건 하자니 일이 될 리가 없잖아. 동사무소 가니깐. "그 분이 자녀가 없다는 데 어떻게 된 관계냐?"고 그래서 딸이라고 그러니까. "어머 자식이 없다고 하던데?" 그러더라고. 그게 나를 뺑 돌게 했어. 벌써. 작은아버지가 자식이 없다고 해버렸어. 작은아버지가 우리들 다 죽었다고 했대요.

작은오빠가 일본 오사카 동성구에 살아요. 그게 몇 년도야? 작은오빠 나이가 지금 82세이니까 그 오빠 환갑 때 갔으니까 20년 전이구나. 내가 반지 서 돈 하고 일본 갔어. 거긴 환갑도 안 하더라고. 그래도 오빠니까 어떻게 사나 볼라고 겸사겸사 간 거야. 작은오빠 보고 물었어.

"아버지가 일본서 독립운동 한거 알아요?"

근데 오빠도 모른대. 전혀 모르더라고. 그래서 "작은아버지가 이래서 이래서 편지가 왔는데 찢어버렸다고 안 줘." 했지. 인제 작은오빠한테 그 일을 맡겼어요. 아들이니까. 내가 신청해도 딸에게는 안 주지. 그땐 딸 안 줬어요. 그래서 내가 국내에서 몇 가지 뗀 서류며 그걸 가지고 가서 오빠에게 맡겼어.

"이렇게 이렇게 해서 내가 할라고 했는데 이젠 오빠가 맡아서 해."
"알았다 내가 하마."

그랬는데 어느 여자나 똑같잖아요. 금방 나오는 것도 아니고 한국에 왔다갔다 해야 하니까. 공장에서 일해야 될 사람이 자주 왔다갔다 했어요. 그러니 올케는 살림하는 여자니까 "우리가 일본에 사는데 이런 증명 서류가 무슨 필요가 있느냐"고 잔소리도 하고. 인제 오빠가 독립유공자 신청을 하다가 너무 힘드니까 안 한다 소리도 없이 그냥 내버렸어.

아버지랑 같이 활동했던 조천 김재진 아들 김병규 씨가 대판에 아버지 서류 떼러 왔다가 오빠에게 연락을 했나봐. 오빠가 나가서 호텔로 가서 재우고 술 사드리고 오빠는 일본 사정을 아니까 서류도 쉽게 떼도록 도와드렸대. 그때 오빠가 "힘들어서 나는 포기합니다." 했더니 "그동안 고생했는데 너무 억울하지 않으냐"며 당신 아버지 일을 하면서 우리 아버지 일도 같이 걸어준(관계 맺어준) 거야. 그때 오빠보고 여동생에게 일임한다는 포기 각서를 써서 주라고 해서 작은오빠는 써서 줬대.

그 분이 일을 보러 제주에서 올라와 서울역에 도착하면 거기서 만나 점심 먹으며 나는 말했지. "나는 돈은 없어요. 돈을 달라면 못하지만 걷는 일은 합니다." 했지. 그때 그 분에게는 한 가지 어려움이 있었는데 우리 아버지는 3년 형을 살고 나온 날짜가 다 기록되어 있는데 그 분 아버지는 형무소 들어간 날짜는 있고 나온 날짜가 없었어. 그래도 그 분은 서류를 잘 갖춰놨는데 열 권은 될 것 같았어. 대학 나온 사람이라 일의 방법을 다 알고 있는 것 같았어. 우리 남편이 집에서 살림만 하는 여자인 줄 알았는데 밖에 나가 낯선 남자들 만나며 잘 돌아다닌다고 하길래 어느 날은 남편을 데리고 갔어. 그 분이 "마누라 하나는 똑똑한 사람 얻었다"고 하면서 서류 다 준비하고 같이 신청하려고 했는데 내가 먼저 해버려 섭섭하다고 하더라고.

내가 보훈청에 가서 아무리 하려고 해도 그게 담당만 알 지 다른 사람들은 모르더라고. (제주)보훈청에서 인도를 해줘야 하는데 모른다고 딱 잡아떼더라고. 약이 올라서 내가 수원에서 신청을 한 거예요. 서류 갖춰지니까 먼저 수원 보훈청에 가서 신청해버렸거든. 2008년 3월 1일에. 그 집은 8월 15일에 하고. 그 분 아니었으면 어려웠을 거야. 정말 힘든 일을 자기 일처럼 도와주셨어. 우린 서로 고마워 해. 그분들은 자녀들이 줄줄이 대학갈 때니 학비 혜택을 봤어. 나도 일찍 했더라면 아들 학비 혜택이라도 좀 봤을 텐데, 15년이나 늦게 신청이 된 거지. 유족 신청되고 나서 조천 창렬사 갔어.

"아 아줌마 왜 인제 왔어요?"
"나 인제 알아서 처음 유족 지원금 탄 건데?"
"아유 이게 한 지가 언젠 데 이제 왔어요?"

거기 담당자가 그런 말해서 얼마나 화가 나던지. 아휴 진짜 내가 남자였으면 작은아버지와 치고받고 싸웠을 거야. 오빠도 그 일이 더 서운해서 제주 작은아버지와 등이 진거야. 아버지를 생각하면... 사실 나라가 없는데 자식이 뭐 중요하겠어. 나라가 첫 째지. 나라 살리려고 한 일이고, 독립운동하는 사람들은 자식 생각 안 하지. 그래도 정부에서 늦게라도 알아주니까 황송하고 감사하지. 난 아버지 사연도 제주 4·3에 물려갖고 더 입을 꽉 다물고 있었지.

4·3 후 깨어진 친척관계

15년 전에 일본에 있는 아버지 유골함을 고향으로 가져왔어. 일본 사는 할아버지 사촌 동생이 "우리 집 장손인데 선산으로 가야지." 했을 때 아버지가 제주도에 가고 싶지 않다고 했대. 큰아들 노릇 한 것도 아버지로 한 것도 없다고 면목이 없어 못 간다고 하드래. 그래서 일본 절에 오래 모셨던 것을 모셔왔어. 작은오빠가 일본 무국적으로 살다가 일본 국적으로 되니까 이젠 그 일을 한 거야. 비행기로 가져온 거지. 가져오는 과정도 어휴, 복잡했지. 그때 어머니 산소도 같이 이장해서 선산에 모셨어. 처음에는 작은아버지가 아버지 한 분이니까 벌초했는데, 나중에는 아버지 엄마 같이 나란히 선산 옆에 가서 모시니까 안 해주더라고. 작은오빠가 일본에서 고향에 자꾸 왔지. 벌초했으면 돈을 드리고 가고 그러니까는 했던가 봐. 근데 나중에 돈을 안 드리니까 안 하는 거야.

작은오빠가 일본에서 하는 일이 신발공장인데, 지금도 해요. 여름에는 겨울 신발 만들고, 겨울에는 여름 신발 하고. 그렇게 허는 건데. 일본은 양력 명절 쇠잖아요, 그러면 기간이 있으니깐 그런 때 제주도에 왔었나 봐.

어느 해 부모님 산소에 가보니까 눈은 이렇게 쌓였는데 풀도 부성하고, 벌초가 안 돼 있어서 그 눈 위에다 작은오빠가 낫 갖다가 벌초를 했어. 그 말 듣고

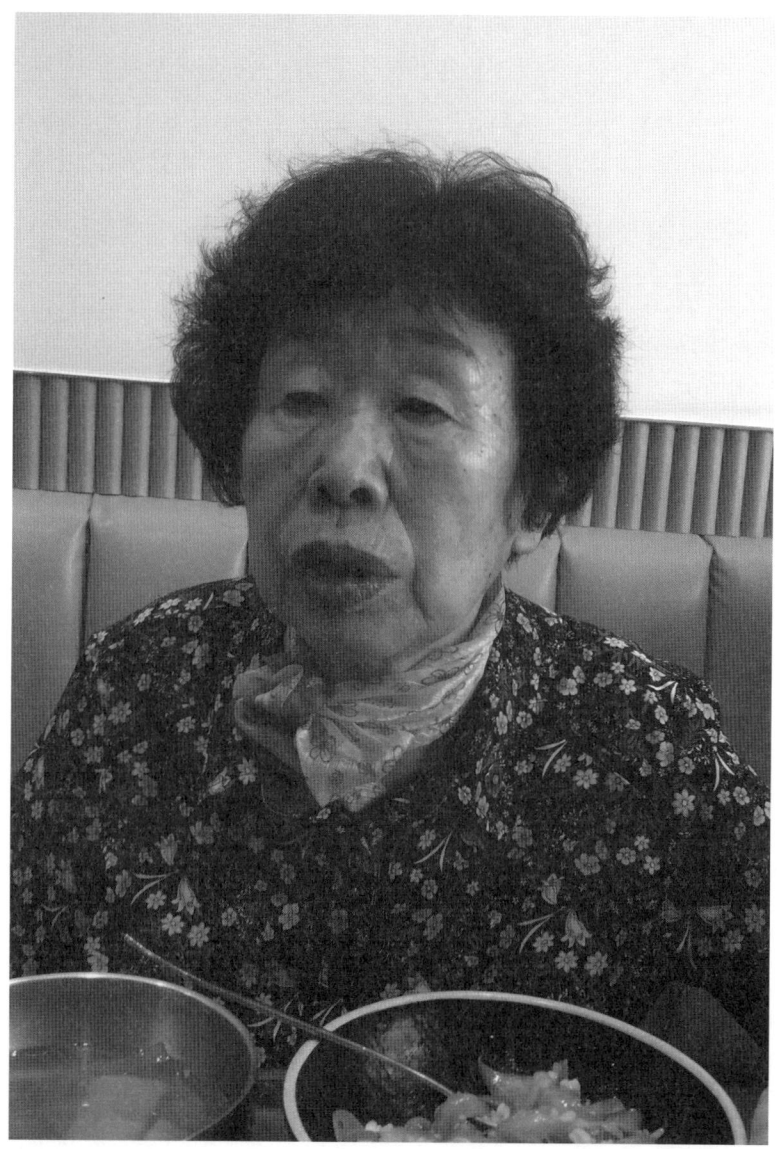

2021년 여름 인터뷰.

속상해서 내가 작은아버지께 따졌어. "재산은 다 먹고 그것도 안 해주느냐?"고. 그러니까 "그 연놈들 왜 지들은 편안하게 살다 죽었는데 벌초를 왜 해주느냐"는 거야. 지들 어릴 때 관리를 안 했다 이거지. 할머니가 우리 막내작은아버지 11살 때 돌아가셨대. 난 세 살인데. 누가 해줘 그걸 누가 돌봐줘? 그러니깐 할머니가 없으니까는 밥해 먹고 빨래하고, 오라리는 물이 귀해서 물도 어디 멀리 가서 길어와야 하잖아. 고생했다 이거야. 작은아버지들은 자라면서 차별 많이 받았대요. 밥을 해도 우리 아버지는 곤밥(쌀밥)만 멕이고. 곤밥이 뭐 좋은 거라고. 할아버지 상에는 우리 아부지만 올라가지, 다른 아들들은 같이 상에다 올려놓고 먹지도 못했대. 옛날엔 그랬어.

작은오빠가 한 해는 벌초에 못 오니까, 일본에서 결혼한 지금 부인이 모슬포 여자인데 그 동서가 그러니까 올케언니의 형부가 와서 벌초 했대요. 그 소리 듣고 "'밥은 굶어도 벌초는 내가 한다." 그래 갖고 그때부터는 내가 하기 시작한 거지.

나 되게 싸납게 살았어. 그래 작은아버지더러 따졌지. "작은아버지, 어쩌자고 재산은 작은아버지 앞으로 다 해. 제사는 내가 다했는데? 나는 뭐야? 나는 일하는 사람인가?" 그러니까 "그거 그냥 급한 대로 그냥 그렇게 해 놨다. 이 다음에 오면 너 이름으로 주마." 하더라고. 주긴 뭘 줘. 내가 그 말에 속았다니까요. 내가 따졌지. 작은아버지는 언제 그런 말 했냐는 거야.

"니가 뭔데? 내 아버지 거 내 앞으로 하는데, 니네 아버지 앞으로 있는 걸 내 앞으로 한 게 아니니 너는 말 할권리가 없다."

그러니 싸우다 말았지 뭐. 지금은 돌아가셔서 어떻게 할 수도 없지만. 벌초 가면 그냥 가요? 가면 그래도 용돈이라도 드려야 되고. 벌초도 우리 엄마 아버지만 하면은 금방 할 걸, 그 조상 걸 다 하러 다녀야 하니까 따라 다니는 게 엄청 힘들어요. 산소가 멀리 떨어져 있으면 몰라도, 바로 옆인데. 무슨 억한심정인지? 이만큼도 차이 안 져(무덤 사이 거리가 이만큼 밖에 안 돼). 그렇게 있는데도 딱 그 자리만 놔두는 거야, 근데 난 작은아버지 자식들이 더 야속해. 생전에 작은아버진 나이가 들었으니깐 아들들이라도 "아유 아빠 왜 그런 생각을 해. 벌초하는 김에 같이 하지." 그럼 얼마나 감사하고 고마워?

근데 엄마 천리(이장)할 적에 내가 작은아버지께 그 소리는 했어.

"작은아버지, 더도 말고 덜도 말고, 나 50평만 요기 줘요. 엄마 아버지 것으로 해서. 거기 오빠 비석도 해서 세웠으니까 묏자리 50평만 줘요."

작은아버지가 대답을 안 해. 대답을 안 하길래 '다 필요 없구나. 내가 누굴 믿고 살어? 사는 데서 그럭저럭 살다 말지. 인생 길다면 길고 짧으면 짧지.' 그래서 또 부모님을 대전 현충원으로 모셨어요. 아버지 이장은 일본에서 화장해서 온 것을 여기서 또 화장해서 어머니 것도 같이 항아리에다 넣어갖고 항아리 두 개로 가져왔지. 벌초하러 제주도 가기 싫어서.

큰오빠는 저기 행불자(행방불명된 사람) 묘역에 있지. 그렇게 우리 동네에서 똑똑한 사람들만 다 끌려가서 죽은 거야. 오빠가 너무 똑똑했대. 우리 (6째) 작은아버지가 그러더라고. 동네에서 몇 째 안 간대. 너무 똑똑하고 잘나서 잘난 체를 하고 뎅겼대. 난 오빠 이름을 보면 한문 자를 잘못 베껴서 죽었나 생각되고 그래. 내 동생하고 큰오빠만 영자, 영희 같은 한자 영 자를 썼드라고. 지금은 호적에도 없어.

난 살면서 큰오빠를 얼마나 원망했는지 몰라. 왜냐면 오빠 하나 저 죽으면 말지 왜 엄마 아버지까지 다 죽게 멘들어(만들어) 놓느냐는 거야. 어떻게 어떻게 되더라도 삼춘 작은아버지들 모양 숨어서 어떻게든 살지 왜 죽었나 싶어서 원망 많이 했어요.

너무 억울하게 죽은 오빠. 무슨 죄를 져서 그리 죽었는가. 큰오빠 하나로 인해서 집안이 망한걸. 큰오빠가 집안에 와서 뭐 해를 끼쳐서가 아니고 큰오빠 하나 죽음으로써 아버지도 고향을 배신하고 그렇게 돌아가신 거고. 엄마도 원망하고 아버지도 원망하고. 그래서 이젠 4·3 때만 제주 가는데, 작년에도 가긴 갔는데, 아휴, 친척들 생각하면 갈 필요도 없는 거 같애.

4·3 때문에 가족관계가 엄청 깨져. 다들 그래. 최근에 돌아가신 분이 아주 제주도라면 발도 들여놓고 싶지 않다고 그러더라고. 4·3에 고통 받고 친척들도 저저 '폭도 새끼'라고 그렇게 구박을 해서 제주를 나왔대. 먹을 게 없어서 어떻게 살은 줄 아냐고 하소연하면서, 얼마나 저기 하면은 제주도말만 듣기만 해도 몸이 아주 두드러기가 다 난다고 그랬던 아저씨가 있었어. 안산인가 어딘가 살다 돌아가셨어. 제주도 사람 아니면 그거는(4·3을) 이해 못해요. 6.25 때 뭐 어쩌구 저쩌구 해야, 이해를 못 해. 아 느닷없이 어느 날 아침, 그냥 안보이면 없는 거야. 근데 우리 집에도, 우리 앞집에도 좀 귀한 집 아들들만 다 죽었어.

4·3 트라우마, 화병

나, 화병 있어. 10살 이후부터 지금까지 있었던 억울한 일은 지금도 안 잊혀져. 그때 생각 하기만 하면 지금까지도 숨이 가쁘고 송곳으로 가슴팍을 콕콕 찌르는 것 같아. 난 아직도 4·3이 왜 일어났는지는 몰라. 하지만 그때 열아홉, 스물 그 어린 것들이 뭐를 알아? 그 어린 아이들을 죽여야만 할 이유가 뭐 있겠어.

내가 13살까지 목격한 죽음만 7사람이야. 우리가 일본서 온 해에 친할머니 돌아가시고 다음 해 증조할머니가 돌아가셨어. 4·3 때 오빠가 돌아가고 그 후 여동생이 죽었고 다시 친할아버지가 돌아가셨지. 할아버지가 4·3에 겨우 살아

한 일이 하늘같은 장손 장례 치르는 일이었어. 그 손자 죽는 거 보고 돌아가셨으니까. 그다음 1953년에 엄마가 돌아갔으니 내가 만난 가족 죽음이 얼마나 많아?

4·3으로 외가도 쑥대밭이 되었으니까 내 속의 억울함이 얼마나 많을 거야, 울컥울컥할 때가 많지. 치료를 받았어야 하는데 이제는 세월이 다 가고 사는 게 징글징글했어. 나 살아온 거 생각하면 소름이 돋아, 4·3, 4·3 생각만 해도 눈물이 나오고… 4·3만 없었으면 내가 이 고생은 안 했을 텐데.

살면서 4·3 얘기는 주위에 전혀 안 했지. 오빠가 그렇게 됐다는 이야기를 일절 안 하고 살았지. 오빠 죽음을 신고하라고 해서 신고하고 나서야 4·3 얘기, 오빠가 희생됐단 얘기했지, 그 전까진 절대 안 했어. 그리고 저기 4·3 나고 나서도 얼마나 위험했어? 가족같이 지낸 할머니도 내가 최근에야 우리 집 4·3 사연 얘기하니까 "뭐시니? 니네 오라버니가 있었시냐?(뭐? 너도 오빠가 있었니?)" 이러시더라고.

나는 1녀 2남을 키웠어. 딸은 남편의 본처가 낳은 자식이고 나는 아들 둘을 낳았는데 큰아들은 장애가 있어. 초등학교 4학년 때 소풍가서 냇가에서 눈 감고 가다가 떨어져 잠들어있는 것을 누가 일으켜줘서 살아났는데, 그 후 봄 소풍을 강화로 갔는데 또 떨어진 거야. 겨울에 감기 들어 다 죽어가다가 빈센트 병원에서 처방을 받았는데 "이 주사를 맞으면 살아나긴 하나 간질 부작용이 있습니다." 하더라고. 살려만 달라고 했어. 서울대 병원에 입원도 수시로 했고. 그때는 간질이니 뭐니 했는데 살아나니 기능이 11살에 멈춰 버렸어, 초등학교 4학년 지능으로 멈춘 채 어찌어찌 고등학교까지 다닌 거야. 그러니 힘들었겠지. 중학교 때 집단 따돌림을 당하고 쓰러지고 그랬대. 놀림을 받아 자살시도도 했고 아랫입술이 다 헐어서 잘라 꼬매고 했는데 성형이 잘 안 된 것 같아. 어려서는 둘째 아들보다 똑똑했는데 점점 지능이 떨어져 지금은 금방 얘기한 것도 집 나서면 잊어버려. 초등 동창들은 더러 기억하는데 고등학교 동창은 전혀 기억 못하겠대. 큰아들 살리려고 돈 엄청 들었어. 1980년대, 보험혜택이 없을 때야. 수술은 안 했어. 아들이 "나 그냥 죽을래, 수술은 하지 말아줘." 하더라고. 수술해도 50%라고 했으니까 안 한 게 잘한 것 같아. 난 그때 큰아들이 죽는다고 그랬으니까. 살려 달라고만 했어. 그래서 지금도 병원 처사에는 말을 못 해.

난 미친년이었어, 미친년. 꼭 살려낸다고 안 해 본 것 없이 다 했지. 그때는 40대여서 힘이 펄펄 있을 때니까. 40대 내내 큰아들에게 매달렸어. 고등학교 졸업하고 일은 좀 다녔지만 광폭해지면 작업장이 위험해질 수도 있으니까 오래 못 다녔지. 어떨 때는 일하는 쪽에서 먼저 아들을 내보내기도 하고. 아들 병 고치려고 그러느라 전세도 못 살고 월세로 살았어. 월세 살 때 5식구가 방 한 칸에 사는 우리가 너무 불쌍하다고 같은 값으로 방 두 개짜리 반지하에 와서 살라고 해서 옮겨 살았지.

50대 중반까지 15년 동안 매달리다가 포기하니까 빌라라도 사게 되더라고. 차차 전세로 옮기니까 시집에서는 얼마나 돈이 많으니 아들 뒷바라지 하고 집까지 살까 하면서 그때부터는 시집에 쌀을 대라, 병원비 대라 하는 거야. 계모라는 것이 그렇더라고. 시아버지인 당신 남편 병 구완을 며느리인 나에게 맡기는 거야. 시집에 매달 쌀 한 가마 대야하고. 시누이들이 우리 애들만 하니 계모는 자기 살길이 급한 거야. 다행이 아들, 딸 두 아이가 잘 살아줘서 고맙게 생각하지. 딸은 키울 때는 애간장 태웠지만 지금은 작은아들보다 더 잘해. 매일 장거리 전화하고.

남편은 작년(2020년) 갑자기 돌아갔어. 엉치(엉덩이)뼈가 부서져서 수술하고 3개월 만에 폐렴으로 돌아서. 시누이들이 장례식에 와서 하는 말이, 딸(시누이)들이 엄마에게 어느 날 물었대. "엄마, 왜 언니 그렇게 못살게 했어?" 시어머니가 "너희들 먹여 살릴라고 그랬다" 하드래. 다행히 국가에서 내가 받는 남편 국민연금을 장애 자식에게까지 받게 해 주는 법이 생겨서 어제 그 서류 하느라 종일 바쁘게 돌아다닌 거야.

그래도 4·3이 이만큼 알려져서 좋아. 세상에 알려져서. 수원에 살면서도 처음부터 고향에 간다고 생각하고 그렇게 살았는데 괜히 붙잡혀선 못 가. 고향이 좋지. 살다보면 안 그래? 서울이나 수원에서 4·3 유족들을 만나면 반갑지. 어쩌다 만나도 친형제 만난 것들 마냥 서로가 그렇잖아. 재경4·3유족들이 만난 세월이 한 20년 더 됐을걸? 50주년 때부터 참 열심히들 모여 돌아다녔어. 그때는 4-50명 되었는데 이젠 다 늙어 걷지들 못해.

〈구술 채록·정리 양성자〉

열일곱에 울멍 산 밭이야

허순자

_1944년생, 송당리 출신, 제주시 거주

아홉 자식 낳고 하나도 못 살린
할머니의 하나 뿐인 손녀

　우린 저 구좌 송당이야. 외가도 송당. 광산김씨 우리 어머닌 나 하나만 낳고 얼마 없어 세상 떠버렸어. 어머닌 큰딸. 그 아래 이모 둘. 외삼촌 둘. 이제 모두 돌아가셨어. 그러니 아버지(허중길, 1922년생)가 얼마나 나를 아까워했겠어. 우리 집안에서 난 정말 귀한 아기가 된 거야.

　우리 할머닌 아홉을 낳고 아들 형제만 살렸어. 아버지하고 아홉 살 작은아버지(허철영, 1939년생) 뿐. 할머닌 아홉 살이 되도록 작은아버지를 호에 올리지 않았어. 다들 낳으면 죽고, 조금 살다가 죽고 해서 출생 신고를 하지 않았다는 거야. 작은아버지 다섯 살 먹은 후에 내가 나왔어. 그땐 애기 날 때 순조롭지 않으면 담가(대나무로 만든 들 것)에 눕혀서 송당에서 제주시 병원까지 와서 애기 낳았다고 해. 동네 사람 4명이 그걸 들고 샛길로 걸어서 오는 거라. 아휴, 지금 같으면 상상도 못 할 일이지.

　근데 할머니 할아버지한텐 이 두 아들도 4·3사건 때까지만 있었던 거야. 아

버지 행방불명, 작은아버지 죽었으니 자식들 다 잃었잖아. 작은 아버진 세상에 나왔다는 흔적도 없고. 어디서 죽었는지, 총 맞아 죽었는지 찾을 길 없지. 4·3공원에 행방불명인 표석에도 올라갔어. 이런 죽음이 어딨어. 그러니 우리 할머닌 나중에 보니 손녀 하나만 남았던 거지.

그러니까 나 조롬에(뒤에)만 후손들이 있는 거야. 아들 둘, 딸 둘에 손자 손녀가 여덟이라. 난 하늘에서 살려준 거야. 경헤도(그래도) 4·3으로 일생이 외로웠어. 그때 일은 들은 것도 많고, 어려서 겪은 일도 머리에 다 박혀져 있어. 이상하게 컴퓨터에 사진 찍은 것 닮아. 잘잘잘 나오는 거야. 야, 그추룩헌(그처럼 한) 세상도 있더라.

산으로의 피난 길 엉덕에 피신
할아버지 소금 한 톨 눈 녹인 물 먹어

4·3사건 나기 전만 해도 송당에서 우린 평범하게 살았어. 농사지으명(면서). 우리 아버진 스물세 살에 결혼했어. 아버진 애기 낳고 어머니가 죽어부니까 혼자 날 키웠잖아. 난 할머니 젖을 먹고 컸어. 작은아버지 먹던 젖을 막 빨아가니까 젖이 나왔다는 거라. 할머닌 젖도 먹이고, 콩죽을 먹이면서 이 손질 키웠어. 애기 때 콩죽을 하영 먹어서 나가 건강하게 살았나 생각이 들어.

4·3사건 그것이 왔어. 추운 때야. 음력 11월, 동짓달이지. 눈이 동무릎(무릎) 위까지 올라온 때였어. 어느 날 누가 와서 우리 아버질 데려갔어. 기다려도 아버진 돌아오지 않았어. 한참 있는데 어느 날 동네 사람들이 막 외치는 소리가 나는 거라.

"혼저 피협서. 불 붙여분덴 헴수다. 고만이 이시민 다 죽습니다."

마을 사람들 전부 피난을 가게 됐어. 우리 할아버지가 해방 전에 일본에 왔다갔다 한 셍이라(모양이야). 집에 일본 살 때 쓰던 물건들이 조금 있었어. 할아버진 조칩눌(조짚가리)에 일본에서 갖고 온 옷, 놋그릇, 제기, 숟가락 같은 거 묻어 놓았어. 사람들은 다 임시 먹을 거라도 갖고 가는 거지. 우리 할머닌 솥단지도 갖고 가야 되고, 나도 업고 가야 하고. 얼마나 난리 났겠어.

막 걸어갔어. 다른 사람들은 산 속 어느 굴인지 있는 곳으로 들어가는데, 우린 뒤처진 거라. 할머닌 날 업고 할아버진 작은아버지 손심엉(손잡고서) 임시살림 들고 걸어가야지. 그러다 보니 동네 어른들 걸음을 얼른 따라가지 못한 거라. 우리 먼저 간 동네 사람들이 모여있는 데까진 가지 못했어. 아마 지금 저기 대천동 부근 아닌가 해.

가다보니 엉장(낭떠러지)이 있었어. 날은 어둡고 추운데 몸을 녹여야 하니까 우선 그 엉장에 조금 피신했어. 엉장은 돌에 풀들이 덮여서 사람들이 조금이라도 피신할 수 있는 곳이야. 물은 없고, 산에 눈은 이만큼 쌓여 있었어. 그 엉장이라도 있어서 다행히 우린 살 수 있었어. 조금 거기서 지낼 수가 있었던 거야.

밖에 나가면 죽은 나뭇가지들이 하영(많이) 있어. 그 가지들은 비가 와도 땔 수가 있거든. 그 나뭇가지들을 가져다가 옆에 쌓아 뒀어. 밥은 먹어야 하니까. 이렇게 돌을 놓고, 솥단지를 올려놓고, 그 나뭇가지 모아서 밥을 하는 거지. 물이 없으니까 눈을 한가득 솥에 넣고 불을 때지.

근데 할아버지가 주머니에 소금 한 줌을 담고 왔더라. 쌀은 없고 팥은 있었어. 팥을 삶으면서 소금을 조금 넣어. 그러면 팥도 건져먹고 쫍지롱(짠듯한)한 그 물도 먹는거지. 어디 가서든 소금이 성말 중한 거야. 거기서 그렇게 추운 몸을 녹이면서 생명을 유지한거라. 그래도 여기 있으면 혹시 누가 와서 잡아가진 않을까, 죽여버릴 건 아닌가 안심이 안 되는 거야.

토벌대, 굴속 사람들 밖으로 내쳐 학살
뒤돌아선 9살 작은아버지에 총 쏴

　나무 위에 눈이 하양한데(하얀데), 할아버지가 바깥이 너무 궁금한 거라. 한 번은 할아버지가 궁금해서 밖에 나가 사정이 어떤 지 한번 돌아본다고 하는 거라.

　"밖에 나가지 맙서. 오늘 가마귀도 궂게 울언 안 좋수다. 나가지 맙서."

　할머니가 말렸어. 근데도 할아버지는 "어떵 안 헐 거여." 하는 거라. 별일 없을 거라고 말을 듣지 않았어. 난 할머니 등에 업혀 있었어. 할아버진 저쪽 높은 동산 밭담으로 가서 한번 살펴보겠다고 올라간 거라. 돌담 위에 올라서 본 거지. "나 죽여줍서." 하는 거 아니? 올라서자마자 어디서 총이 날아와서 할아버지를 갈겨버린 거야. 할아버지 우둑지(어깨)로 해서 뒤로 총뿌렝이(총부리)가 날아간 거야. 피가 찰찰했어. 할아버진 팍 엎어졌지.
　토벌군들이 달려왔어. 총을 맞고 사람이 쓰러지니까 죽었나 해서 뛰어온 거지. 꿩 잡으러 오는 식으로. 와보니까 할아버지가 죽지는 않고 바들랑바들랑 하고 있거든. 그러니깐 그 사람들이 할아버지 속옷을 벗겼어. 속옷으로 피를 멈추게 묶었어. 그다음엔 할아버지한테 "이 근처에 사람들이 숨어 있다. 그곳으로 같이 가보자." 일으켜 세운 거라.
　할아버진 피 흘리면서도 그 사람들 말을 들어야 하니까 무조건 따라갔어. 할머니와 난 무서워서 발발 떨기만 하고. 작은아버지는 할아버지 조롬에 서 있었

열아홉 결혼식날 신랑신부 친구들과 함께했다. 뒷줄 신부 오른쪽 3번째 친구 강정향이 이날 축사를 해주었다.

어. 그 토벌군들은 저 아들도 데리고 오라는 거야. 그러니까 설마 할아버지도 작은아버질 죽일 거라고 생각도 못하고 아들을 데리고 간 거지.

그 사람들하고 할아버지가 조금 가다 보니까 사람들이 왕장왕장하는 소리가 들린 거라. 토벌대는 사람들한테 왔구나 한 거지. 당장 그 굴속에 있던 사람들을 "다 나와, 나와." 밖으로 내친 거야. 나오니까 사람들을 "다 뒤로 돌아서." 하고 와다다 총을 쏘아버린 거야.

거기 사람들, 그때 그 굴에 숨어있던 사람은 다 죽었어. 다 죽었는데, 토벌군들은 할아버지 옆에 작은아버지가 서 있으니까 "아들도 저리 세우시오." 한 거라. 작은아버지는 할아버지 곁에 무서워서 꼭 붙어있었어. 저리 가라고 하니깐 얼른 뛰어갔어. "뒤돌아서" 소리에 돌아서니 등 뒤로 팡 쏘아버린 거지.

할아버진 우둑지(어깨)에 총뿌렝이가 앞으로 해서 뒤로 나가니까 고망똘라졌어(구멍 뚫렸어). 그래도 죽지 않고 살았어. 총뿌렝이가 밖으로 나가니깐 살았을 거야. 할아버진 '이제 우린 다 끝났구나.' 넋 나간 채 겨우 할머니한테 돌아왔어. 할아버지가 돌아오는데 데리고 갔던 작은아버지는 안 보이지. 까무라칠 일이지.

할머니가 나를 업고 막 박박 떨고 있잖아. 총소리는 팡팡 났지. 할아버지가 돌아와서 그 얘기를 한 거지. 작은아버진 그 눈 위에 죽었다고. 신체는 그냥 나뭇이파리로 덮인 채 거기 내버려진 거지. 어떻게 수습하겠어. 그때 사람들, 다 절멸한 가족들 있을 거라고. 우리도 다 죽었구나 하는데 토벌대가 이젠 우릴 죽일 줄 알았는데 죽이질 않았어.

"손자를 잘 키우시오."

토벌대는 갈 데가 있다고 우리를 전부 데리고 간 거야. 가서 보니 동척 회사로 잡아다 놓은 거라. 동척회사에 우릴 가져다 놓으니까 거기서 생활하게 된 거지.

수용소에서 임신한 여인
몽둥이 고문 지켜봐

동척회사에서 밥은 주먹밥 하나에 소금에 절인 무 한 점을 주는 거야. 그때 한 여자를 그렇게 무지막지하게 때렸어. 난 아주 어린 때지만 이렇게 눈을 떠서 봤어. 남자도 아닌 여자를 이만한 막대기로 막 두드리는(때리는) 거야. 우리 있는 데서 조금 거리 있는 데서 여자를 때려. 젊은 여자를. 그렇게 여자를 때리더라고.

옆에 사람들이 하는 말을 들어보니 임신도 한 사람인데, 젊은 사람이니까 저렇게 두드리고 있다는 거라. 왜 그렇게 때렸나. 남편을 어디 숨겼냐고 그렇게 문초를 한 거야. 이만큼 살찌고 긴 몽둥이로. 오죽 고통을 받았나. 우린 매는 안 맞았어. 젊은 사람하고 나이든 사람하고 따로 앉혔어. 큰 창고에서 아무튼 부분 부분 앉혔어. 남자는, 거기 젊은 남자는 없었어.

나이든 할아버지가 있었어. 내가 아프니까 침을 주었어. 거기 사는데 우리 외넛할아버지(할머니의 남동생)가 쌀밥을 해 왔어. 혼자만 먹지 말고 옆에 사람하고 나눠 먹으라고 주면 할머니가 손으로 조금씩 덜어줬어. 그렇게 먹었던 것이 생각나. 게자리 동산에 토끼풀이 가득했어. 이젠 동산에 개발되어서 빌라 아파트 하면서 지금은 그 흔적이 없어졌지.

목포 형무소행 "손 놓으시오"
아버진 내 손을 놓지 않고

그땐 몇 월달이 되었는지 확실히 모르겠어. 그 전에 아버지를 보고 싶으면 부둣가로 나오라는 거야. 목포행 배엔 사람들이 많이 있었어. 면회하는 사람들이 없더라. 어느 날 면회 오라고 할머니한테 통지가 왔어.

"목포배 탐시난 부두에 와서 아들 보고 싶으면 봅서."(목포배 타니까 부두에 와서 아들 보고싶으면 보세요.)

할머닌 나를 업어서 갔어. 아버지는 앞전에 심어가분(잡아가버린) 거라. 어디 가서 가뒀던 거 아닌가 싶었어. 우린 이젠 동척회사에 가둬 있는 상태잖아. 할머니는 작은아들 죽어버리고 아들 하나 남았는데 보러 오라고 하니까 얼른 나를 업고 아들 보러 간 거라. 제주시 저 동쪽 포구, 부둣가로 갔어.

부두에, 부두에 가니까 아버지는 날 붙들어 울 거 아니? 참 기가 막힌 거지. 아버지는 죽으러 가는 거고, 할머니를 보니 눈물이 났겠지. 아버진 내 손을 잡고 손을 놓지 않았어. 울어서 말을 다 할 수가 없지. 시간이 되어가니깐 배는 떠나야 할 거 아니라. 아버지한테 난 아무 말도 못했지. 그래도 아버지인지 뭔지 나는 다섯 살이나 잘 먹었는데 "아버지"라고도 못했어. 아버지가 나 손을 잡고 팡팡 울어. 막 울더라. 막 울어가니까 나도 그냥 같이 울기만 한 거지. 다들 막 우니까 시간이 걸릴 거 아니?

"이젠 손을 놓으시오. 이제 그만 손을 놓으시오."

배에서는 손을 놓아야 배가 출발할 건데 놓지 않는다고 자꾸 재촉하는 거지. 빨리 손을 놓아야 배가 뜰 거라고. 아버지는 울다가 큰소리 나니까 손을 떼놓은 거라. 손을 놓자마자 배가 뼝하게 저 먼 바다로 떠불더라고(떠버리더라고).

시퍼런 바닷물 끝에까지 그 배가 안 보일 때까지 할머닌 바라보고. 나도 어린 마음이지만 배만 바라보고 있다가 다시 살던 동척회사에 들어갔어.

우리 아버진 당시에 간이학교 다니면서 공부를 한 것이 전부야. 근데 동네 어르신들이 말하는데 송당 청년들 중에서 일 번이라(최고야). 인물 좋고, 순했다고 해. 워낙 착해서 남의 집 숟가락도 들어보지 못했다고. 마을 일이다 뭐다(뭐든) 다 했던 사람이라 우리 외할아버지가 좋게 봤어. 자원 사위하겠다고 사위 했대.

또 영리했던 모양이라. 아버지가 상품으로 주판이라도 타오면 외삼촌이 그걸 갖다 썼다는 거라. 우리 아버진 애길 보다가 볼일 보러 어디 가려면 외삼촌이 날 맡겼다가 안아서 집에 오고 했어. 혼자서 아버지가 걸어가는 뒷모습을 보면서 외삼촌이 울었다고 하더라. 촌에서 친족을 만났는데 나한테 말하더라고.

"너네 아버지 죽어부난(죽어버리니까)
우리 어깨 한 착이(쪽이) 없어진 것 닮앗저."

어머니 얼굴은 모르고, 아버지 얼굴도 잘 모르지만 동척회사에서 어렴풋이 아버지 닮은 어른을 봤어. 길에서 그런 얼굴 한번씩 보이면 우리 아버지 닮은 분이다 생각이 드는 거라.

송당 3정보 땅
미군한테 판 할아버지

동척회사에서 얼마간 살았어. 먹는 거? 배고프나마나 죽지 않을 정도로 먹은 정도지. 주먹밥에 무 절인 거 하나 주면 먹고. 어찌저찌 죽지 않고 살았어. 그 속

열아홉 살 나던 해 결혼식을 올렸다.

에서. 어느 날 해방이 되었는지 안에 있는 사람들이 나가게 된 셍이라(모양이야). 이젠 재판 받고 석방해서 나오게 되니깐 목숨만 살아있지. 어디 어떻게 가서 살아야할 지 걱정이 되는거라. 막상 갈곳이 없잖아. 그때 할머니 남동생이 집을 빌어 준거야. 남의 집주인 밖거리(바깥채)에 잠시 생활하게 됐어. 조금 나아가니까 작은 방을 하나 빌려서 살게 됐어. 할머니하고 단 둘이서 생활하기 시작한 거지.

할아버진 우리하고 같이 안 살았어. 4·3사건에 총뿌렝이 맞안(맞아서) 죽을 수 있었는데 오래 살다가 돌아가셨어. 그 표적이 있었어. 지금은 후유장애라고 하지만 그땐 그런 것도 없었잖아. 할아버진 같이 피난 갔다 오고 나서 할머니랑 살지 않고 다른 데 가서 살았어. 아버지가 목포형무소 가기 전부터 할아버진 우리하고 같이 없었어. 할아버진 제주시 신문사에 좀 다녔어. 그때 나가서 따로 살림 차렸어. 자손이 없다고 자손 봐야 한다고. 근데도 자손 복이 없었어.

재산? 땅도 아무 것도 없었어. 원래 우리 할아버지네 재산이 3정보 땅이 있었어. 근데 해방 후에 미국사람이 소 목장 한다고 팔아달라고 할아버지한테 와서 했던 모양이야. 할아버지가 돈 몇 푼 안 받아서 팔아버렸대.

피난 갔다가 와서 한 3년 만에 송당에 우리 할머니가 갔어. 완전 쑥대밭이지. 근데 할머니가 피난갈 때 숨겼던 눌(가리) 있던 자리엔 놋그릇, 놋숟가락 같은 것들은 그대로 있었어. 내가 그것을 갖고 와 오래도록 쓰다가 버려불엇어(버려버렸어).

아버지 전보에 실신한 할머니
일곱 살에 산짓물로 죽 쒀 드려

우리 수용소에서 나온 다음 해 7월달이야. 아버지가 목포 형무소에서 죽었다고 통지가 온 거야. 여름이니까 조팟(조밭) 검질(김)맬 때. 밭에 가서 검질(김) 매고 집에 왔는데 아버지가 목포에서 죽었다는 전보가 온 거야.

그냥 그 전보를 받고 할머니가 쓰러져불언(버렸어). 줌(잠)미쳐분 거라. 잠이 깨지 않으니까 동네 사람들이 달려와서 물을 먹이고, 등을 때리고 "정신 출립서. 영(정신 차립서. 이렇게) 허민 이 손진 어떵 헐 거우꽈." 할머니를 막 달래는 거라. "삼춘 정신 남수과, 삼춘 정신 남수과." 사람 살려놓고 봐야 한다고 동네 사람 여럿이 죽을 쒀 오는 거라. 할머니는 그래도 입이 바싹 마르고 죽을 먹지 못해.

"정신 출립서 정신 출립서."
"경 해도(그렇게 해도) 죽을 먹어야 손자가 살아날 거 아니우꽈(아닙니까)?"

동네 사람들이 자꾸 할머니한테 정신 차려야 한다고 말했어. 할머니가 "이렇게 고마운 어른들, 이 공을 갚아야 내가 죽지, 어떻게든 살아야겠다." 그래서 생각한 거 같아. 나도 그런 생각이 들었어. '사람이 죽으면 안 되는 거로구나.'
그땐 나도 어려도 심부름은 할 수 있었어, 나도 일곱 살이 되니까 대바지(작은동이)로 산짓물을 길어 왔어. 안 그러면 우리 둘 뿐인데 누가 헐 거라? 할머니가 병중 있으니까. 당시에는 우리가 살던 제주여상(제주여자상업고등학교) 동네가 거의 마지막 동네였어. 우리 사는 데가 끝이었어. 그때부터 물 길어다 할머니 죽을 쒀 드렸어. 나뭇가지로 불을 땠어. 어린 게 무엇을 하겠어. 죽을 어떻게 쒔냐면 쌀은 한 보시기 물은 일곱 보시기를 넣으면 딱 맞다고 사람들이 말해주더라. 동네 사람들이 나한테 "무슨 일이 있으면 말하라." 했어.
할머닌 그렇게 그 죽을 먹고 겨우 일어나서 다음날은 일하러 가는 거라. 죽

40대의 어느 봄날 친구와 함께(오른쪽 허순자).

쒸준 사람네 밭으로 가는거지. 7월이니까 춥지도 않을 때고. 그렇게 밭에 가서 검질(김)을 매 주면서 조금씩 조금씩 할머닌 몸을 회복해 갔어. 일을 잘 못해도 나도 할머니 졸래졸래 따라 가. 그나저나 할머니 가는 곳마다 내가 따라 다니면서 같이 일을 했어 그땐 개발이 되지 않았잖아. 밭에 가는 길도 다 걸어서만 다녔어. 발이 아팠어.

우리 할머닌 울멍(울면서) 살았어. 아이들하고 재미나게 놀고 집에 들어오다 보면 할머니가 방 안에서 막 우는 소리가 나. 맨날 울었어. 큰아들, 아홉 살 아들 하나까지 다 죽었으니 그 심정이 오죽했겠어. 할머닌 방에서 울고, 난 밖에서 울고. 그렇게 해서 방에 들어와서는 울지 않은 척하는 거야.

"할머니 울지마, 울지마 눈물 닦아. 할머니, 무사(왜) 울엄수과(울고 있어요)?"
"아이고, 기여, 기여(그래, 그래)."

나중엔 울지도 못했어. 눈물이 다 쏟아져 버렸어. 같이 울기도 하고. 같이 웃기도 하고. 할머니가 나 하나 보고 살았지. 난 열 살만 넘기고 남의 검질(김)맸어.

"나도 밭에 가게 해줍서"
일 하러 갔다가 기절

사람들 밭에 나가면 "나도 같이 가게 해줍서." 했어. 열여섯 살이 되니까 남의 검질을 제대로 맬 수가 있었어. 그런데 내가 한번은 보리 베러 갔다가 기절을 해버렸어. 정신을 놓았는데도 귀는 열렸던 것 같아. "아고. 물 가져 옵서." 하는 소리가 나. 쓰러졌는데 귀론 소리가 들려. 물을 얼굴에 착착 뿌리는데 그

때야 정신이 돌아온 거라. 물 심부름, 밥 심부름 다 해야 주인이 밥을 주는 거지. 아무 것도 안 하고 밥을 먹을 수 있나. 점심 먹으려면 물 갖고 오라고 해서 물 길러 가고.

무조건 "할머니 보리 베러 가면 나도 같이 가크라(가겠어). 나도 같이 가크라" 같이 다녔어. 그땐 일자리도 없고, 일을 하려 해도 쉬운 게 아니었어. 한번은 동네 남의 할머니가 조를 베는데 나도 일하러 가고 싶어 말을 한 거야.

"할머니, 내가 조를 비어 드리쿠다.(베어 드리겠습니다.)"
"아고 네가 아직 어리고 일은 못 한다."
"할머니, 우리 집에 낫도 있고, 골갱이(호미)도 있고, 다 이수다. 나 할머니하고 같이 일할 수 있수다(있습니다)."

집에 얼른 뛰어가서 호미 갖고 나와 조 베어 드린 거라. 할머니는 도와 달라고 하지도 않았는데. 조를 꼭 잡아서 베고 묶는 일이라. 잘은 못해도 내가 한 거라. 이렇게 잡아서 끊고, 잡아서 끊고, 하는 거지.

"아따, 어린아이가 꽤 잘한다"고 동네 할머니가 하는 소리를 들었어. 이렇게 부모도 잃고 한 애가 착실하게 일을 하는구나 한 거라. 그러니까 할머니가 어느 날은 "느가 나영 같이 강 이 조를 다 비어주라.(네가 나하고 같이 가서 이 조를 다 베어줘라.)" "경 허쿠다.(그렇게 하겠습니다.)" 했어.

남의 조 다 베어주고 식량을 만들었어. 앞 밭에 곡식을 한자리에 메워 놓으면 내가 등에 지고 밖으로 날랐어. 길이 막힌 밭이면 그렇게 해야 되는 곳이 있어. 두 단, 석 단, 길가로 등에 지고 날랐어.

산짓물 안 동네에 그 동네 할머니 집이 있었어. 할머니가 좀 잘했다고 생각한 건지, 나한테 "순자야, 할머니한테 가서 우리 집에 오면 품삯을 준덴 허라." (할머니한테 우리 집에 오면 품삯을 준다고 말해라.) 하는 거라. 할머니한테 "가봅서." 했어. 우리 할머니가 그 할머니 집엘 갔는데 조를 두 번이나 등에 지고 돌아왔어. 난 그때부터 계속 일하러 다니게 됐어. 이제부턴 내가 돈을 벌어야겠다 생각이 든 거야.

내가 노력 안 하면 할머니도 죽고 나도 죽을 거다 생각이 들었어.

사람들이 무슨 일을 시켜도 할 수 없어도 "할 수 있습니다." 한 거야. 어렸어도 마음 속엔 일 생각만 가득했어.

새벽 4시에 서부두 바당물에
돌 한 상자씩 날라

밭 일만 한 것이 아니야. 자갈도 돈 되는 시절이었어. 저 서부두를 우리가 다 돌을 등짐져 만든 거라. 열다섯, 열여섯 살에. 돌 일은 어떻게 했냐면, 우리 집에 저 귀덕 아주머니하고 나보다 두 살 위 아들이 같이 살았어. 그 엄마도 4·3 사건 때 남편을 잃은 사람이야. 우리가 먼저 방을 얻으니까 들어가 살 방이 없다고 걱정을 하는 소리를 들은 거라. 할머니가 우리랑 같이 살자고 했어. 그 엄마도 일해야 하고, 우리도 일해야 살고. 지금 생각하면 그 엄마도 서른 몇 살 쯤 됐을 거라. 젊었으니까.

그 엄마 아들 이름이 김중도 오빠야. 원래 귀덕리. 똑똑했을 거라. 혼자 엄마가 일 나가버리면 그 오빠는 강의록 책으로 밤새도록 공부하더라고. 그 사람이나 나나 말 한번 못 해봤어. 같은 집에 살아도. 나는 지쳐서 고꾸라져 자고. 이른 새벽엔 그 엄마하고 일 하러 나가야 했으니까. 어두운 시절이야. 그것으로 끝이야. 지금 어디서 사나 모르지. 그 오빤 그렇게 열심히 공부했으니 아마도 무슨 좋은 일을 하고 살았을 거다 생각해.

　그 엄마가 나한테 같이 일하러 가자고 했어. "순자야, 나하고 같이 돌 줍는 일을 하자." 하는 거라. 일거리도 없고 돈벌이가 없을 때니까 귀가 번쩍했지. 그 엄마 따라 그 일을 시작했어. "난 할머니영 살젠 허난 일헴수다."(난 할머니하고 살거니까 일합니다.) 하고, 그 엄마도 "아들이영 나영 둘이 살젠 허난 이런 일을 헴저." 하는 거지.

　작지(작은 돌) 주우러 가는 일은 쉬운 일이 아니라. 돌을 주우면 손이 다 터지는 거지. 작지를 내창 가에서 주웠어. 서부두에 큰 오름이 있거든. 그 오름을 하포질하고 맬라서(눌러서) 지금 부두를 만든 거야. 하포라는 건, 돌 깨는 약을 넣으면 돌이 산산조각 깨져서 작지가 되는 거라. 큰 작지, 작은 작지가 되면 나 등에 맞는 것만 골라내서 담아 넣는 거라.

　그 엄마가 내 등에 그 작지들을 올려놓으면 난 한 발자국 한 발자국 끌어서 하꼬(상자) 놓여 있는 그곳에까지 가서 그것을 비우는 거야. 비우고 또 옮겨놓고, 그러면서 바당물(바닷물)이 메꿔지는(메워지는) 거야. 바당물이 빠져나가면 하꼬, 그 나무상자로 만든 하꼬에 돌을 가득 넣고 옆으로 둥글려서 하꼬만 들러내는 거지. 그러면 돌만 빠지잖아. 가마니떼기로 허리까지 만들어서 큰 건 하나. 작은 건 두 개 올려 놓고. 작은 돌은 골체(삼태기)에 담아서 들고 가. 경 허젠 허민(그렇게 하려면) 물쌀(물썰) 때, 새벽 4시. 동트지 안할 때 가야 해. 물이 봉봉 들면 하꼬들을 들여놓지 못하잖아. 바당물 시간 맞춰서 하포 놓은 돌 등에 져서 가져가야 하는 거라.

　그 일 하려면 잠을 잘 수가 있나. 무겁고 힘든 건 말도 못하겠지만 그런 것 생각할 겨를이 어디 있겠어. 또 그렇게 하면서 한 1년을 그 일을 했어. 하꼬 하나에 감독이 얼마라고 도장을 놔주는 거라. 도장 놓는 사람은 "어린디(어린데)

4·3유족들과 2001년 광주 5·18민주화운동 기념식에 참석했다.

버친(힘든) 일 헴저(일하고 있네)." 도장 하나 더 찍어주고. 돈이 됐으니까 그 일을 했지.

일 하다 보면 동이 터오는 거지. 할머니가 날이 밝아가면 밥을 갖고 오셔. 그러면 그 밥을 바당물 소리 들으며 거기서 먹어. 그 일로 끝나는 것 아니야. 그리고 다시 일하러 가는 거야.

돌 일 끝나면 국수 공장서
국수 뽑아 국수 기술자 됐어

그때 제주시 동문로터리 앞에 '선전사'란 라디오방이 하나 있었어. 그 아래 지하실에 국수 공장이 하나 있었어. 지금 그 제주시 산지 다리 있잖아. 그 다리 넘어 있어. 바당물이 그 너머까진 안 올라왔어.

거기 삼미빵 사장 아버지가 로터리에서 국수 공장 했어. 그 사장 아버지가 아침 9시가 되면 국수 공장에 와서 반죽을 하고 국수를 빼서 올려놓고 했어. 김녕 어른이 일본 살면서 그 기곌 갖고 왔다고 하더라고. 그 국수 기계는 제주시에서 하나밖에 없다고 했어.

난 자꾸 하다 보니까 국수 공장에서 국수 기술자가 된 거라. 내가 밀가루 하루 여섯 푸대(부대)를 말아. 국수는 간이 우선이야. 그게 정말 중요해. 간이 안 맞으면 국수가락이 막대기에 매달리지 못하는 거야. 그것들을 말리지 못해 국수를 못 만들어. 간이 딱 안 맞으면 축축 다 떨어져 버리는 거야. 간이 맞기만 하면 대막대기에 국수를 싹 널면 익어서 잘 말리는 거야. 그러니 국수 하나 뽑는데 얼마나 정성이 필요했겠어. 기계에서 국수 면발 나오면 사이즈 맞게 걸어야 하지.

막대기에 국수 가락 사이즈 맞게 자르고 걸어 다 차면 일곱, 여덟 개 손에 놓고 이층에 올라가. 그것들을 자르르 걸어서 내려오고 하면 되는 거라. 그렇게 국수집에 다녔지. 그때도 난 노래를 좋아했어. 라디오방은 그 사장 아들이 차렸어. 근데 라디오에서 젤 슬픈 노래가 나오는 거라. 그 노래 나오면 나한테 "노래 다 듣고 가라." 해. 그때. 내가 '비 내리는 고모령', 그 노래를 잘 불렀어. 그러니, 결혼해서 우리 동네 연극단에서 노래자랑 했는데 상도 받았어. 몸베(일바지) 입고 블라우스 입고 노래 불렀어. 상 받아서 여기 절하는 장면 있을 거야.

나무 두 짐 만들어
번갈아 등짐 지고 와

지들커(땔감) 하러 가는 건 너도 나도 했잖아. 나무하러 가는 건 꼭 해야 해. 난 한라산 나무도 정말 많이 하고 왔어. 그것도 머리를 써야 해. 나무를 어떻게 등에 지고 왔냐면 나무를 하나는 크게, 하나는 작게 해서 두 짐을 만들어. 두 짐 만들면 한 짐 부려두고(내려두고) 쉬면서 다시 한 짐 지고 와서 부리고 하는 거야. 그러면 두 짐이 되지. 2인분 몫을 집에까지 갖고 와지는 거라.

집까지 오는 길이 그렇게 힘들지. 혼자 나무하고 오다 보면 힘들어서 버릴까 하는 생각도 나. 그래도 '여기까지 왔는데' 하면서 다시 등에 지고 오는 거라. 그러다 보니 어린 아이가 벌써부터 다리가 아픈 거라. 그런 세월이었어.

그땐 제주시에 지들커가 없었어. 지금 봉개, 4·3공원 너머까지 가서 나무하고 와야 한 짐 해지는 거라. 집에 와서 보면 서너 시가 돼. 그 어욱(억새) 두 짐 해서 지고 오고. 그게 그렇게 어렵더라고. 너무 힘들어서, 서러워서 울음이 나오거든. 그러면 할머닌 날 달래느라 말하는 거라.

"시키지도 안헌 거 헹 울엄저.(시키지도 안한 거 해 울고 있네.) 울지 말라."

산짓물에 솥단지 갖고 가 빨래 삶아 돈 벌고
먹을 만큼은 스스로 바닷 것 해 와

　시간이 서너 시간만 남으면 소나무 이파리 박박 끊어서 지고 오는 거라. 그거 마르면 불 때고 그랬어. 나 스스로 다 한 거지. 일할 것만 있으면 무조건 갔어.

　제주시 저기 사라봉에 우당도서관 있지. 거기 개발 안 된 때야. 그 주변에 나무들이 많았어. 거기 막 풀밭들이고 작은 산이잖아. 가시나무가 주변에 여기저기 많았어. 그 사이사이 그것들이 있으면 나무를 막 다 긁다 때고, 긁다 때고, 꺾다가 땠어. 다들 불을 때려고 거기가서 자꾸 긁어오다보면 나무가 씨가 없어. 밥 해 먹을 나무가 없어. 솔잎도 없고. 테역(잔디) 막 긁다보면 솔잎 하나씩 있어서 그거 겨우 한 짐 만들고 지고 오는 거지.

　나무 중에 가장 독한 실거리가시낭(실거리가시나무) 있지. 그건 꺼내는 것도 어려워서 요령 있게 납작돌로 눌러. 가시 찔리지 않게 두껍게 가마니에 말아. 그렇게 해서 가지 없는 쪽은 등바닥에 가게 하고 지고 와. 장호미(찍어서 나무 따위를 자르는 연장)로 잘게 해서 삭으면 서너 방울만 솟강알(아궁이)에 놓아도 빨리 빨리 타지 않고 오래 가지. 가스불처럼. 그걸로 밥도 해먹고 할머니가 고소리 술도 했어. 그땐 물하고 나무가 생명이었어.

　그 어린 때, 산짓물에 가서 솥 놓고 빨래도 했어. 그때 어디서 그런 생각 나왔는지 몰라. 그저 살기 위한 거지. 산짓물에 장작 한 짐 지고 갔어. 요만한 솥단지를 들고 갔어. 거기서 불 때면서 빨래 삶기를 한 거라.

"흰 빨래들 갖고 오민 삶아드리쿠다(삶아드리겠습니다).
　빨래가 많으면 많은 값, 적으면 적은 값을 받습니다."

그러면 이제 한 사람이 몇 개 가져온 거 묶어 놓고 작은 건 작은 것끼리 묶어 놓고 '다 삶아졋수다.' 하면 그 사람들한테 돈 조금씩 받아. 열다섯 살 때. 어린 때 안 해본 것 없어.

할머니랑 살 때였어. 낭푼이 하나 해서 꽈배기 도나스(도너츠) 떼어 버스 세운 데가 있으면 확 올라가서 한 낭푼이 확 팔고 나왔어. 어린 때, 부끄러운 거? 그게 어딨어.

"순자야, 갯것이(갯가) 가 보라. 먹을 거나 나와시냐 가 보라."

일거리 없을 때는 여름에 할머니가 "순자야 입 굽엄저(입맛 나는 거 찾는다는 의미). 바당에, 갯것이(갯가) 강 보라." 하는 거라. 가서 뭉게(문어)가 줄락 나오민 와작착 와작착 두드려서 두어 개 갖고 오는 거라. 해녀들이 돌담으로 둘러쳐 놓고(필자: 불턱) 일하잖아. 물엔 들어가지 못해도 난 그냥 옷 벗고 퐁당 들어가서 얕은 데서 미역 하나 따 오고, 퐁당 들어가서 해초 캐오고. 난 헤엄은 잘 칠 수 있어. 싹 들어와서 돌 있는 데로 가서 돌을 착 밀면서 올라가면 반은 그 반동으로 그 돌 밟으면서 올라가면 되거든.

소소한 바닷 것은 내가 해 와서 먹었어. 물질은 배우진 못했어도 먹을 만큼은 스스로 했어. 일을 스스로 구해서 찾아야 했어. 안 해본 일이 없어.

할머니와 내가 직접 집도 지었어. 우리동네 할아버지 일을 도와주면서 살았는데 그 할아버지가 땅을 조금 떼어준거라. 집을 짓고 살라고.

그 집을 지으려니 땅을 준 할아버지 따라 산에 가서 나무를 했어. 베로 끌어다가 구루마 있는데까지 끌고 가 그것을 날라왔어. 나무를 해주면 할아버지가 기다란 나무를 하나 주는 거라. 서리(서까래) 나무를, 걸치는 나무지. 큰 나무.

그것을 모았어. 그것으로 할머니하고 나 하고 집을 지은 거라. 그러면 돌을 지어다가 뱅뱅 쌓고 그 위에 나무를 얹히는 거라.

이젠 또 산에 혼자만 가서 준낭(작은 나무)해다가 전부 얽어매는 거라. 그렇게 해서 구들방 하나 부엌하나 만든 거야. 장항 놓을 데는 작지를 평평하게 깔아서 만들어.

열일곱 살에 천 평 맹지 할머니 이름으로 샀어

동네 사람이 한번은 "순자 할머니, 우리 밭 삽서." 하는 거라. "순자 돈 이거밖에 어수다." "그 돈만 주고 나머진 벌엉 갚읍서." 그러니 이젠 "저 어떤 사람이 땅 사라고 헴저. 돈이랑 벌면서 갚고, 밭을 가지라고 헴저." 하는 거라. "아이고, 기우꽈(그래요)?" 나는 너무나 좋은 거지. "그 밭 보레 가쿠다. 난 개역보리(미숫가루 만들 보리) 하나 갈 밭만 이시민 좋쿠다." 한 거라. 가서 보니 검질(김)은 지깍한데(가득한데) 보리는 하나 둘만 보이는 거라. 평수는 천 평이고, 길은 없는 맹지 밭이라.

"할머니 이 밭 사게(사자)."
"경 허라."

난 열일곱 살에 나의 밭을 사게 된 거야. 천 평을 샀어. 근데 두 해도 지나지 않아서 그 길이 터진 거야. 도(입구) 막아진 밭을 샀는데 나중에 큰길이 터졌어. 그러니 육지 사람 제주 사람 아주 가난한 사람들이 거기 집을 지어 살겠다는 거라. 농사지으려 해도 집을 짓게 빌려주다 보니 밭 하나가 다 집을 짓게 됐어. 공짜가 아니고 땅세로 보리쌀 얼마, 반 년에 좁쌀 얼마. 그 쌀 받아서 우리가 생활을 했어.

한번은 친족들이 제사 먹으러 왔어. "순자 무신거 줄 거우꽈?" 할머니한테 묻는 거라. "이 집이나 주주." 했어. 궨당(친족)들이 말을 한 거라.

"할머니, 양자한테만 주지 말고 순자한테 땅을 좀 줍서."
"순자가 산에 가고, 바다에 가고, 몸으로 일궈 놔신디 양자만 다 주면 됩니까. 안 됩니다."

그 말을 한 거라. 그 말이 딱 맞은 거지. 사실 내가 그렇게 해서 일궈놓은 거라. 조상 땅 쑥대밭 되고 빈 몸뚱이 하나로 일군 재산이잖아. 할머니 이름으로 한 거지만. 얼마나 이 무릎이 아팠는데. 부두에 돌 나를 때 어린 사람이 일한다고 도장 하나씩 더 찍어주면 받고 하면서 일수 들어서 번 돈으로 땅을 산 거지. 그러니까 궨당(친족) 어른이 어떻게 알았는지 와서 할머니한테 그렇게 말을 한 거라.

측량기사가 왔는데 나한테는 저 길도 없는 안 구석에 백 평을 끊어놓더라고. 이건 조상 땅도 아니고 내가 순수하게 벌어서 일궈놓은 것인데 좀 억울하기도 했어. 그러니 내가 "오라버니, 나한테 30평만 줍서. 백 평 말고 그것만 주면 길가에 내가 집을 지어 살겠수다." 한 거라.

집에 들어오니 또 동네 어른이 와서 "야, 네가 벌어서 네 아버지 앞을 세워야 할 건데 그 사람이 와서 아버지 앞을 세울 거니까 드려야 될 거난 아뭇소리도 말고 주는 양 받으라." "아이고 경 헙니까? 그러면 오라버니 허고 싶은 데로 헙서" 했어.

그때야 측량기사 데리고 와서 백 평 줬어. 오라버니가 길가에 집 짓겠다고 해서 수돗물까지 걸어줬어. 거기 집들 지어 빌려주며 사람들이 살았어. 근데 오빠는 여기 와서 안 살고 송당에 살겠다고 한 거라. 근데 그때 집 지어 살던 사람들도 성공해서 돈을 버니까 이 집들을 다 사겠다고 하는 거라. 그 돈을 받고 촌에 가서 오빠는 땅들만 산 거라. 오라버니는 지금 돌아가셨지만, 그 땅들 팔아먹지도 않고 잘 지켜낸 거야.

열아홉에 결혼 친구들이 혼수해 줘

혼자서 힘든 일들을 이겨내면서 남 못하는 것도 어찌어찌 다 해냈어. 그냥 해가 한 발만 나는 새벽이면 밭에 가서 낭을 또 한 짐 집에 지고 와야 해. 그렇게 생활했어. 그러니까 동네 사람이 착하다고 조금 크면 자기가 아는 데로 시집 보내주겠다고 하더라.

열아홉이 됐어. 할머니가 혼자만 있다가 어떤 남자를 만날 지 걱정이 된 모양이라. 나도 나 스스로 나를 지키려고 있었는데. 열아홉에 시집을 가게 됐어. 옛날엔 어른들끼리 정혼하고 딸을 줘버리고 그랬잖아. 맞선 한번 안보고, 말 한마디 안 해보고 결혼했잖아.

어느 날 서울 가서 살다온 사람인데, 제주시 사람이라. 갑사한복 다 갖고 왔어. 나한테 결혼하자고 하더라고. 나 이런 거 받지 않고 결혼 안 할 테니 오지 말라고 자꾸 했어. 그래도 절대 안 그러는 거라. 너무나 적극적이어서 할머니도 뿌리치지 못했는지 한번 갔다 오라. 네가 1월생이어서 사주가 세니까 가도 얼마 살 지(결혼생활) 못한다고. 그러니 갔다 오라고.

나도 그렇게 하면 될 줄 알았어. 그래도 그게 맘대로 되지 않았어. 난 아무 것도 준비 안 하고 그냥 몸만 가려고 했어. 그러면 시댁에 창피하시 않냐고 우리 친구들이 앞장서서 혼수를 다 해 준거야. 친구 중엔 내가 젤 먼저 시집을 가게 됐어. 그러니까 막 신경을 써 준 거라. 친구들이 외삼촌, 이모한테 다니면서 뭐 해주실 거냐고 전부 적고 나서 나머지 책상이고 뭐고 필요한 것 몇 가지 장만했어. 그게 혼수가 된 거지.

친구들이 그걸 다 화물차에 실어보냈어. 그렇게 시집간 거라. 지금도 그 친구들 공을 잊을 수가 없어. 다들 어디로 가서 살고 있는지 꼭 한번 만나고 싶어. 결혼식 때 한 친구는 축사를 해줬어. 잊어버릴 수가 없어.

"들에는 들국화가 향기롭고… 검은 머리가 흰 머리가 될 때까지
잘 살기를 바란다…"

친구가 한 축사는 정말 그럴 듯했어. 이사 몇 번 하면서 그 축사쓴 걸 잃어버렸어. 그러니 결혼하던 날은 내 얼굴이 눈물이야. 너무 울어서. 두 번이나 화장을 지우고 다시 했잖아. 어디 웃을 일이 있어야 웃지. 웃는 얼굴이어야 하는데 이게 뭐라. 지금 사진을 보니 정말 우는 얼굴이 된 거라. 어둡게 나왔어.

친구 가운데 한 친구는 사범학교 나와서 교사가 됐는데 학생 때 뽑혀서 연극배우도 했었어. 그 친구 빽으로 뒷문으로 해서 공짜 천막 연극을 구경했어. 제주 극장에서 했어. 거기 음식먹는 데는 천막이 쳐 있었어. 그런 추억은 아직도 좋지. 그 친군 초등학교 선생으로 들어갔어. 마흔까지는 어떻게 친구들 만나기도 했는데. 4층집에서 찌륵찌륵 차 몰고 다니는 아이도 있어.

남의 거름 싣고 가
밭에 뿌려 야채 키워

시집 와서 보니 시댁도 진짜 어렵게 살더라고. 여섯 오누이에 홀어머니집이

야. 그때 남의 밭인데 큰 밭이 있더라. 일본서 살다 오니 농사를 잘 짓지 못하겠다는 어른이 있었어. "할머니, 이 밭 남한테 빌려주게 되면 나한테 빌려주십서." 그렇게 말했더니 "빌려주게 되민 조카한테 빌려주크라." 해. 할머니가 꼬닥꼬닥 오더니 "조케, 밭 벌커들랑 우리밭 벌라(밭으로 돈을 벌고 싶거든 우리 밭으로 벌어라)." 하는 거라. 그 밭 하나에 농사를 지으면 보리가 스무 섬씩 나오더라고. 그걸로 실컷 일 년을 먹을 수 있었어.

그것으로 일수 해서 돈을 모아 새 밭 하나 샀어. 마농지(마늘장아찌)에 밥 먹으면서 그 밭 어찌어찌 일군 것이 재산이 되기 시작한 거지. 그러다 보니 남부럽지 않게 살게 된 거야. 남편은 싫은 소리 못하는 양반이라 조금 힘들었지. 남의 일은 하러 가지 못하더라고. 그래서 내가 더 일을 해야겠구나 생각한 거지. 애기들 제대로 해주지 못하면서 살았던 것이 큰 덩어리 밭이 됐어.

남의 돼지통 거름 싣고 가 밭에 뿌리고 한 것이 야채가 이만하더라고. 남의 밭 5천 평에 배추를 갈았어. 백 평은 팔았는데 태풍이 세 번 오니까 다 휩쓸어가 버렸어. 그래도 늦었지만 씨를 뿌려보자고 우리 어른(남편)이 놉 빌어 다시 씨를 꼽았어. 열흘 만에 가보니 씨가 이만하게 자라서 쪼작쪼작 올라온 거라. 남편 말대로 늦어도 씨를 꼽았더니 된 거라.

한 달쯤 있어서 애기 업고 슬슬 밭을 돌아봤어. 살살 속이 앉았어. 그때, 지나가는 사람마다 저기 배추 잘 됐다고 한마디씩 하는 거라. "애기 엄마가 이 밭을 갈았어?" 어떤 사람이 지나다가 우리 밭을 보고 말을 걸었어. 나물을 사러 온 거라. 이 밭 나물 전부 팔라고. 한 밭은 밭떼기(떼기)로 싸게 판 거라. 남의 밭에 농사를 짓고 집 하나 벌었지.

그때 또 남편은 군인을 가야 했어. 입대 날을 받아놓았는데 국방부에서 군인이 많아서 이제 많이들 방위로 서라는 거라. 해서 남편은 파출소에서 근무하게 된 거라.

남의 밭 빌려 돈 벌어…
돼지 거름 모으러 다녀

아무것도 없지만 남의 밭을 빌려서 돈을 벌었던 거야. 젊은 사람이 친정 동네 가서 돼지 똥은 내가 다 갖고 가겠다고 했어. 다른 사람들이 다 내버리는 돼지 거름을 내가 "삼촌 그거 내가 갖고 갈 테니 저 주세요. 저 주세요." 하면서 내가 다 끌어 모았어.

제주도에 통시(돼지우리)는 많았지만 그 거름들을 다 쓰지는 않았어. 농사를 다 짓지는 않았으니까. 그래서 내가 그 거름들을 다 갖고 가겠다고 한 거야. "삼촌! 잔치 언제 할 거야. 삭다리(삭정이) 할 거 남겨 놓은 거 그럼 내가 다 갖고 갈게." 잔치하는 집 저 산에 가서 삭다리 해다가 얼마씩 주문받으멍(주문받으면서) 팔고. 동네 삼촌은 "아이고 부끄럽지도 안허냐?" 허더라고. 부끄러운 게 어디 있어. 거름도 돈이 되는데.

한번은 농사지었는데 분홍깨꽃이 싹 피어났어. 지나가던 어떤 아저씨가 "아고 아주머니 깨가 잘 됐수다예. 앞으로 더 잘될 거우다. 나중에 내 말이 생각날 겁니다." 좋은 말을 해주는 거라. 내 주변엔 좋은 사람만 나타났어.

촌에서 내창에서 진시(벌거리) 와글와글한 거 허벅에 지고 와서 걸러내고 밥을 해먹었어. 물을 길러 갔다 올 때라. 아고, 뒤에서 큰 차 소리가 빵 나더라. "아주머니, 어디서 물 질어왐수가. 어디 삽니까. 아주머니, 이 차가 물 실엉 가는 차난 물 실어다 주쿠다." 하는 거라. 그 어떤 아저씨가 물을 길어다 주는 거야. 시어머니하고 같이 살 때. 남 잘살고 못사는 걸 난 몰랐어.

우리 집 앞에 차를 세워서 "저 항아리들 다 내놉서. 항들 이신 거 다 내놉서."

그 항마다 물을 호스로 콸콸 넘치게 담아주는 거라. 한 달 더 먹게. 이추룩(이처럼) 고마운 사람 어딨나 했어. 아직까지 그 사람 만나지 못했어. 난 살아가면서 이상하게 이렇게 덕을 보는 사람들을 잘 만나는 거라.

결혼하고도 참 일 많이 했어. 쉬는 날이 없었어. 일이 눈에 다 보이는 거야. 지금도 건강만 하면 농사 잘 할 수 있을 것 같아. 해만 바랑바랑 나면 이리 좋은 날 일 안 하고 어떻게 사나. 먹는 거 노는 거도 부럽지 않았어.

남편은 농사하고 집 일하고, 난 마흔 살부터 월급 받는 일했어. 우당도서관에서도 3년간 사무실 청소하고, 밥해주면서 일했어. 공설운동장 만들 때 2년, 한라수목원에서 한라생태숲 있잖아. 거기 일을 오래 했어. 그 숲에 나무 하나 풀 한 포기 다 내 손이 들어갔어. 정성을 쏟았어. 농사도 자꾸 들여다봐야지. 낭(나무)도 심기만 하면 자라지 않아. 애기 키우듯 자꾸 도닥도닥해줘야 낭이 잘 크잖아. 그렇게 21년 동안, 77살까지 일했더라. 작년부터 노인 일자릴 잃었어. 왜냐하면 꼭 필요한 날에 이력서 들여야 다시 합격시켜서 일을 할 수 있거든. 근데 꼭 그날 4·3유족회 회의에 참석하라 해서 갔다가 면접 보러 가지 못한 거라. 하늘에서 이제 그만 일하고 놀라고 한 모양이야.

한 살 아래 아이한테
흙바닥에 나뭇가지로 쓰며 터득한 한글

학교 공부? 내가 공부할 수가 있었나. 열여섯 살인데 글을 안 배웠어. 난 글을 몰랐어. 근데 어디서 친구한테서 편지가 온 거야. 난 그 편지를 읽을 줄도 모르고 쓰지도 못했어. 친구한테 처음은 보여주면서 읽어달라고 했는데 두 번째는 다시 보여줄 수가 없는 거라. 부끄러워서 보여줄 수가 없는 거지.

그때는 편지 쓰면 아이한테 "갖다 주라" 하던 시절이지. 연애편지를. 못 읽은 거라. 공부를 하지 못했으니까. 할머니가 그렇게 아팠는데 살려고만 했지. 공부를 해야 한다는 생각도 못했어. 눈치로 글자 하나 둘 알 때야.

공불 좀 하는 아이야. 나보다 한 살 아래 그 친구는 우리 옆집에 살았어. 그 아이가 화장실에 갖다오다 보니 따뜻한 마당에 앉아있더라고. 내가 그 아이한테 갔어. "야, 글 조금만 배워주라." "글 몰라?" "나 기역 니은 가갸거겨는 아는데 글을 몰라." 그러니 그 아이가 낭가지(나뭇가지)를 주워다가 흙바닥에 박박 쓰고 미는 거라. 한번 쓰고 두 번 쓰고 하더니.

"너 '가'란 글자 알 수 있어?"
"응. 알아진다."
"기역 니은 자도 알아?"
"응 알아진다."
"'각' 자를 만들려면 '각' 할 때 혀가 각하게 돌아와.
니은 자 붙이면 혀에서 니은이 돌아오는 거야,
'강' 하면 동그라미가 입에서 오무려지면서 말바람이 동글게 나오는 거야."

그 아이가 그렇게 잘 가르쳐줬어. 강 하면 입에서 둥근 바람이 나온다 이러는 거라. 아, 그 글자 몇 가지 가르쳐 주니 그때는 그 글자들 금방 알 수 있는 거라. 그 아이가 가르쳐 준대로 하니까 이제는 알게 된 거지. 그날 하루에 글이 다 머리에 들어갔어.

우리 동네에 공부한 삼촌이 와 있었어. "나 이렇게 글은 하나하나는 아는디 나 글 좀 배워줍서." "근데 받침이 틀리니까 받침을 배워야 헌다." 해서 그걸 가르쳐 줬어. 이젠 밖에서 글을 써야 할 때가 많다고. "언제 한 번 와서 이제 그걸 가르쳐

주마." 한 거라. 그러면서 《심청전》을 빌려다 주는 거라. 나 손바닥만한 책을 빌려다 주니 내가 그걸 다 읽었어. 정말 좋은 거라. 야. 《심청전》이 아버지 눈을 뜨게 만들어준 이야기 아니라. 아, 이렇게 된 거구나. 나도 눈이 번쩍 뜨인 거지. "삼춘 다 읽었수다." "잘했다. 그래도 쓸 때하고 읽을 때는 달라. 글자 하나에도 다른 글자가 필요할 때가 많으니까 공부 더 허라." 하면서 몇 자 더 가르쳐 줘.

그 삼춘한테 조금만 더 배웠으면 받침법을 확실히 알 건데 못 했어. 읽는 건 다 읽는데 쓸 때는 좀 틀려. 그래도 어디 다닐 때 글을 읽을 수 있는 것이 좀 지꺼지더라고(반갑더라고).

지금 생각해보니 나한테 한글 가르쳐준 아이가 선생보단 더 잘 가르쳐 준 거 아닌가 생각이 들어. 어떤 아이는 선생한테 가서 3년 걸려도 다 몰랐다고 하는데. 말바람으로 글자가 다 새겨져 있다고 하더라.

난 이제 에스케이(SK)라고 써진 영어 간판 같은 것도 읽을 수는 있어. 한글로 쓰고 영어로 쓰고 하면서 배워 달라고 남편한테 졸라서 공부를 했어. 우리 한글 가만히 보면 기역, 니은, 우리 입 돌아가는 거하고 영어 글하고 닮았잖아.

할머니가 그랬어. 어릴 때 순자가 막 영글고 똑똑했는데 "4·3사건 때 너무 이제 넋이 나간. 넋이 빠져불어. 막 하영 넋 나가불엇주."

아버지, 4·3재판에서 못다한 이야기
난 떳떳하게, 덤덤하게 말했어

우리 아버지 73년 만에 재판하고 무죄 판결 받았잖아. 무죄? 할머니가 살아계실 때 아들 형제 다 뺏아간 나라가 우리를 빨갱이라 한다고 날마다 울며 살았는데, 할머니가 살아계셨으면 얼마나 기뻐했을까.

내가 재판에서 말을 했잖아. 그때 이상하게 마음이 부끄럽지 않고 용기가 팍 나고 떳떳하더라. 슬프다고 울지도 말아야지 했어. 난 그때 이 말을 하고 싶었어.

"우리 아버지가 목포 형무소 그 닭장 같은 곳에서
배도 고프고 가족 그립고 얼마나 힘들었을까 생각하면 내가 너무 가슴 아픕니다. 울젠 헤도 눈물이 안 나옵니다."

그런데, 그런데서 할 말 다 하면 안 된다 싶어 할 말이 많아도 간단하게 말했어. 그냥 덤덤하게 말했어. 근데도 "그 작은 닭집 같은 데서 아버지가 얼마나 힘들었을까요." 하고 싶었어. 통곡을 하고 싶어도 높은 자리여서 내가 막 악으로 참아서 나온 거라. 거기서 안 그랬으면 목놓아 울었을 거야. 그 자리서는 그렇게 하면 안 될 것만 같았어.

"아이고, 아버지 아이고, 아버지, 말이 나오지 않는 거라.
얼마나 자식 보고 싶어 하다가 거기서 죽엇수과."

2001년 5월에 내가 목포 형무소 순례 갔어. 난 거기 가서 여기 여행으로 온 거 아니고 아버지를 위해 보고싶어 왔다고 했어. 진짜로 거길 가 보니 야, 닭통 닭은 집이잖아. 그곳에서 어떻게 생활을 했다는 거냐. 나가 울다가 버쳐불엇어(부처버렸어). 야. 이런 집에서 나를, 부모님을 얼마나 보고 싶어하다가 이 속에서 죽었는가. 기가 막히게 울어지더라. 목이 메어 울면서 절을 했어. 제지내며 절을 할 때 얼마나 통곡했는지 몰라.

"아버지, 아버지, 날 두고 어떵 죽어집디가?"

비석 있는데 가면 "아이고, 아버지, 아이고, 아버지, 말이 나오지 않는 거라. 얼마나 자식 보고파 허당 거기서 죽엇수과?" 말하지. 어머니도 없고 딸 아이 하나 놔두고 먼 길 가는 아버지 속마음이 얼마나 애가 탔을까.

아버지 무죄 판결 받고 아버지한테 따뜻한 밥이라도 해드려야겠다 해서 과일하고 준비해서 올리러 갔어. 행방불명 비석 있는데 가서. "아버지, 아버지" 했어. 얼마나 춥고 배고팠을까 생각만 나서 눈물이 났어.

아버지 행방불명인 비도 세워진 지 5년 정도밖에 안 돼. 수형인 자료도 다 있는데 비석 안 세워 있더라. 더운 날 거기 행사할 때 갔어. 비석에 다들 갔는데 난 거기 가지 않고 저 곳을 보면서 "우리 아버진 허공에 떠 있구나." 혼자 나무그늘에 앉아 있었어. 그때 재수가 좋아서 어떤 관계되는 어른이 나한테 "무사 거기 이수과? 저디 글읍서." "우리 아버지가 목포 형무소 간 거 자료도 있는데 비석이 엇수다. 억울해서 갈 수가 엇수다. 우리 아버지 비석 해주십서." 했어. 그러니 얼마없어 아버지 이름 새긴 비가 세워졌어. 너무 좋았어.

행방불명 아버지
헛 봉분 만든 할머니

할머닌 우리 아버지가 죽었다고 전보 온 날로 제사 지냈어. 죽은 아들이 1950년 7월 전보로, 영혼으로 같이 어머니한테 왔다고 생각한 거야. 그러니 전보 온 날을 아버지 죽은 날로 생각하자고 해서 제사를 지냈어.

근데 한번은 심방(무당)이 굿을 하는데 제사를 그날로 하지 말고, 생일날로 지내라고 하는 거야. 아버지 생일날이 정월 19일날이야. 그래서 그날 양자네가 제사를 지내는 거라.

우리 할머니는 당신 살았을 적 비석은 잘 해놓아야 한다고 어머니 무덤 곁에 아버지 헛봉분을 만드셨어. 시신은 없어도 무덤은 만들겠다고 해서. 우리 할머니가 이렇게 4·3이 터진 줄 알았으면(필자: 4·3 해결이 여기까지 온 걸 알았다면) 그래도 위로가 되었을 텐데 아무 것도 보지 못하고 돌아가셨어. 세월이 지나니 이런 날이 왔어. 할머니가 살아계셨으면 한을 풀고 갈 건데.

커서 애기 나면서 살기 바쁘다 보니 부모님 산을 수십 년 갈 수가 없었어. 어린 때 할아버지하고 도시락 싸고 가서 벌초하고 제주시까지 내려오고 했는데. 너무 힘들다보니 마음은 찾아보자 하면서 가질 못했어.

할머니, 할아버지 돌아가신 때도 가봤겠지만. 그럭저럭 어떵 어떵 목숨 살아서 살다보난 여기까지 온 거라.

돌에 넘어져도 "할머니!"

내가 아이를 가졌어. 집은 고팡(고방) 닮은 데 가서 살았는데. 애기는 부모 없어서 애기 낳는 것 한번 본 적도 없으니 걱정은 되고. 할머니한테 "난 다른 거 해주지 말고 아무것도 해주지 말고 곤쌀(흰쌀) 한 말만 해다 줍서." 했어. 그 쌀을 조금씩 해서 죽도 먹고 섞어서도 먹고 하면서 스무 날을 먹었어.

난 할머니한테 기대고. 할머닌 날 보고 살고. 불추기란 게 있어. 콩밭에 나는데 익으면 막 맛 좋아. 가서 콩 꺾다가 보이면 그거 따다가 나 주고, 볼레낭(보리수나무)에 볼레 익으면 당신 주머니에서 나 입으로 들어온 거라. 바로 여상 동네가 대개 무덤이였어. 그 근처에 살았는데, 사난 살아진 거라. 모든 것이 여러 사람 덕으로 살아온 거라.

할머닌 우리가 폭도라고 해서 이 자손들이 직장도 못 들어간다고 했어. 난 아버지를 위해서 딸이라도 열심히 해야겠다는 마음으로 일했어.

난 다른 사람들이 "어머니" 할 때 한번도 불러보지 못했어. 난 돌에 넘어져도 "아고, 할머니"만 했어.

손녀 그리워 "차 태워도라"
버스 지나가면 손짓하던 할머니

4·3사건 때문에 난 할머니 딸로 살았어. 난 인생에서 할머니를 절대 잊을 수가 없지. 송당에서 돌아가실 때 아흔네 살이야. 할머닌 송당 가는 길도 울퉁불퉁 불편할 땐데 고향으로 간다고 가셨어. 양자네 집으로 갔어. 아마 고향에서 돌아가실 생각이었겠지.

내가 송당 할머니 찾아 갔어. 누비이불들을 물통에 넣어 자락자락 밟으며 빨았어. 그 이불 덮으시라고. 할머닌 송당 가서도 나만 생각했는지 나를 보고 싶으면 그리워서 차 넘어가면 손들어서 "나 차 태워도라. 제주시에 강 손지 봥 오키여."(제주시에 가서 손자 보고 올게.) 했다고 동네 삼촌들이 말했어. 할머닌 7, 8년 거기 살다가 돌아가셨어.

할머니 돌아가신다 해서 할머니한테 내가 갔어. 숨 넘어가기 전이었어. 내가 "할머니, 할머니 순자 와수다. 여기 편히 누우십서." 하면서 베개를 넣어가니 돌각 하더라. 아무리 울어도 대답 없고 암만 불러도 대답 없고 하더라. 귀로는 들으셨겠지.

비오는 날은 할머니가 그립지. 지금 살아계시면 할머니 목욕탕 모시고 갈 건데. 어릴 때 할머니하고 찍은 사진 한 장 있었는데 없어졌어. 4·3에 다 불타고 열아홉 결혼식 사진 하나가 가장 오래된 사진이야. 지금은 이렇지만 결혼 전엔 사람들이 날 보면 "그늘 아래 풀 왔다"고 했었어. 무슨 말이냐고 하니깐 그늘 아래 풀처럼 살결이 곱다고. 결혼 전에 나도 그런 생각한 적 있어.

"나홀로 눈쌓인 저 먼 길을 걷고 싶다."

스무 살쯤엔 기분이 그랬어. 성판악 나무 눈 하얗고 비닥이 하얀 거 보면 기분이 좋더라. 난 어떤 날은 이상해. 고요히 혼자 저 길을 걷고 싶었던 마음이었어. 아, 살다보니 인생을 이렇게 돌았잖아. 내가 고생하다 보니 성공했어. 내가 힘들게 산 관계로 성공해진 것 같아. 하늘에서 봐준 것이야. 박력있게 해서 결혼한 남편이 날 받들어주지, 4남매 잘 키우고 손자들 다 잘 됐으니 고생이 이젠 옛말이 됐지. 이리저리 살다보니 잘사는 거지.

오로지 절약하면서 살아왔지만 힘들게 살아오면서 다른 사람들 도움을 받아왔어. 그러니 이젠 베풀 때는 베푸는 일을 좀 하자 생각해. 4·3 이렇게 온 것도 다 가만히 있으면 안 되는 거였잖아. 다 열심히 해준 사람들이 있어서 된 거니까.

〈구술 채록·정리 **허영선**〉

질이 어시난 혼 질로 걷고

고정자

_1932년생. 대정 안성리 출신, 보성리 거주

4·3 당시엔 할아버지(고기창), 할머니, 아버지(고문수), 언니(고추자), 나, 여동생(고숙자), 남동생(고정팔) 이렇게 일곱 식구가 같이 살았어. 내가 열일곱 살이었고, 우리 언니는 나보다 세 살이 많으니까 스무 살, 여동생은 세 살이 어리니까 열네 살, 그리고 남동생은 열 살 이렇게 됐어. 언니도 결혼하기 전이었으니까 4남매가 모두 같이 있었지.

우린 원래 안성이었어. 안성리 옛날 집, 우리 집터가 막 넓었어. 지금 곧는 대로 하면 한 900평쯤? 조상 대대로 내려오는 집터였거든. 방 하나 부엌 하나에 살림을 살면서도, 소청 마루, 소청 구들(방)이라고 크게 하나씩 있었어. 소청 마루, 소청 구들은 손님용으로 만든 거야. 문도 따로 내서 출입도 따로 하고, 손님들이 오면 거기서 지내다 가곤 했어. 그렇게 안성에서 살고 있었는데, 우리 어머니가 자식을 많이 낳아도 다 죽어버리고 하니까 나중에 우리 대(代)에 와서 인성으로 이사를 온 거야. 우리 어머니가 인성에 내려와서 한 3년 정도 살고, 결국 해방되는 해 동짓달에 병으로 돌아가셨어. 그땐 한 올레 안에 안거리(안채) 밖거리(바깥채) 이렇게 살았잖아. 우리도 아버지랑 우리 4남매는 안거

리에, 할아버지랑 할머니는 밖거리에 살았어. 아버지한테 동생이 한 명 있었는데 열네 살쯤에 돌아가셨어. 아버지가 독자가 되어버린 셈이니까 우린 삼촌도 사촌도 하나 없이 큰 거야.

"혼저 폴아사, 혼저 폴아사!"

    일본놈 시절(일제 강점기)엔 보리 공출이 젤로 컸어. 보리농사 지으면 몇 섬씩 바쳐야 했으니까. 그게 일본놈 말 양식이라고 하더라고. 그때 일본에서 온 높은 사람들이 큰 말을 가져다가 여기서 타고 다니곤 했거든. 마을에 보리 몇 섬 할당이 내리면 구장이 각 반(班)마다 할당을 시키고, 그럼 각 호(戶)당 보리를 내놔야 해. 집엔 곡식이 떨어져서 식구들이 굶어도, 할당은 무조건 바쳐야 했어.

    보리 공출을 하다 버치니까(부치니깐) 이젠 집에 있는 유기그릇, 놋그릇도 모두 바치라고 하는 거야. 우리 집처럼 좀 웃대(윗대)로 내려오는 집들은 유기그릇이 많았거든. 제사 그릇으로 쓰는 걸 무조건 바치라고 하면 선뜻 내놓을 수 있겠어? 내놓지 않으면 집에 쳐들어와서는 맘대로 수탈해 가는 거야. 완전 강제였지.

"아이고! 하간 거 믄 공출허당 버치니까, 이젠 사름 아울라 공출이라(아이고! 온갖 것 모두 공출해가더니 이젠 사람 마저 공출이야)!"

    그땐 여자 공출, 처녀 공출한다는 말이 무성했어. 처녀들은 무조건 몰아간다고 하니, 어떻게 할 거야? 족은 어멍(작은 부인)으로라도 폴아사주(결혼을 시켜야지).

"혼저 풀아사(빨리 결혼시켜야), 혼저 풀아사!"

공출을 피하려니, 처녀들은 무조건 결혼시키기 바빴어. 족은 집(작은 부인)이고 뭐고 따질 틈 없이 결혼시키다 보니 나중엔 안 살겠다고 돌아오는 사람도 있었어. 우리 언니는 어머니가 아파서 누워만 있고, 아버지도 바깥으로만 돌아다니고 하니까 그럴 겨를도 없었지만…. 말은 어지렁했는데(무성했는데), 다행히 실제 처녀 공출로 몰아간 사람은 아무도 없었어. 남자 공출만 했주. 그때 징용간 사람들이 다 공출로 받아 간 사람들이거든. 그때 징용간 사람들, 무슨 사람 취급을 받아졌겠어? 소가 할 일, 말이 할 일을 몬 시킨거주(모두 시킨거지).

궂은 물 쏟아내다 죽은 어머니

어머니가 돌아가신 병 이름을 몰라. 나중에야 암에 걸린 사람들 죽어가는 모습이 우리 어머니 돌아가실 때 아파하던 거랑 똑 닮더라고. 그래서 '우리 어머니도 암에 걸려서 돌아가신 건가?' 혼자 생각 뿐이지 뭐.

어머니는 처음엔 아랫배만 아프다고 했는데, 나중에는 가슴 아래 명치만 '부벼 도라(쓰다듬어 주라). 부벼 도라.' 하시더라고. 아마 암 덩어리가 차차 커가니까 명치까지 올라가서 솜빡헤분(가득차 버린) 거 닮아. 그렇게 못 견뎌 해도 병원이 어디 있어? 제대로 된 치료 한번 받아보지 못하고 그냥 집에만 누워 있다가 돌아가셨지 뭐.

참, 일제 강점기에 저 단산에 일본 군인들이 주둔했잖아. 단산에 주둔한 의무대 군인들이 우리 어머니를 치료해준다고 몇 번씩 집에 찾아오기는 했었어. 하지만 말이 치료지, 말도 통하지 않는데 제대로 볼 수나 있었겠어? 아픈 데를 조금 보는 체 하다 해방되니까 그냥 가버린 거지.

친구 옥화와 함께(오른쪽이 젊은 시절 고정자).

배가 막 부풀어 오르다 터져서 궂은 물 쏟아내다 죽는 병을 옛날 어른들은 고창병이라고 불렀어. 그게 지금 같으면 암(癌)이었던 거지. 내 생각엔 암이 소곱(안)에서 앓다가 곪아 터지면 오장에서 궂은 물이 막 흘러내리다 결국 죽게 되는 것 같아. 지금이야 수술해서 암 덩어리를 떼어내니까 그럴 일이 없지만, 옛날엔 수술이란 게 없잖아. 매일 아침마다 어머니가 알로(아래로) 궂은 물 쏟아낸 걸 빨아오는 게 일이었어. 지금이야 수도나 있지, 옛날에는 못(연못) 물이잖아. 아이고! 날은 또 왜 그렇게 추웠나 몰라. 얼음장처럼 차가운 물에 그것도 맨 손으로 궂은 걸 자꾸 빨아서 그런가? 지금도 겨울만 되면 손끝이 갈라지고 찢어질 듯 하거든.

  병원 한번 못 가보고 해방되는 해 동짓달에 돌아가신 우리 어머니. 어머니 돌아가시고 소상 대상 다 치러드렸지만, 그게 다 무슨 소용이야! 마흔 살, 너무 젊은 나이잖아. 그때 우리 아버지는 서른아홉 살밖에 안 됐어.

우리 아버지는 고 서장, 고 서기

  아버지는 집안일보다는 바깥일을 많이 보는 어른이었어. 밖으로만 나다니니까 집안 가세(가사)를 돌볼 수나 있었겠어? 농사일이고 집안일이고 어머니 혼자 도맡아 했지 뭐. 우린 옛날부터 내려오는 집이라서, 조금은 틀이 갖춰졌던 것 같아. 논밭도 많이 있었던 거 보면. 보리, 조, 콩이야 남들도 다 하는 거지만 우린 나룩(벼)까지 지었으니까. 나룩은 아무나 짓지 못하거든. 논밭이 있어야지.

  어머니가 혼자 농사짓는 동안 아버진 마을 일을 보러 다녔어. 저 보성국민학교, 묵은 학교 지을 때도 우리 아버지가 3년 동안 사무를 맡아서 일을 싹 봐주니까 학교를 지을 수 있었던 거야. 참, 안성리 묵은 집 살 때는 우리 집에서 아

보성공립국민학교 제1회 졸업기념(1947. 5. 21.)
고정자 어르신의 아버지가 3년 동안 사무를 맡아 지은 보성국민학교를 제1회로 졸업한 고정자 어르신 남편 故 조병형 (맨 뒷줄 왼쪽에서 세 번째) 맨 앞줄에 앉아있는 교사 세 명(오른쪽부터 故 나덕호, 이인경, ○○○)은 1948년 12월 31일 보성국민학교 인근에 인공기가 꽂히고 삐라가 뿌려지는 사건이 발생하자 9연대에 연행되어 1949년 1월 5일 모슬봉 인근 밭(현 대정고등학교 옆 밭)에서 총살됐다.

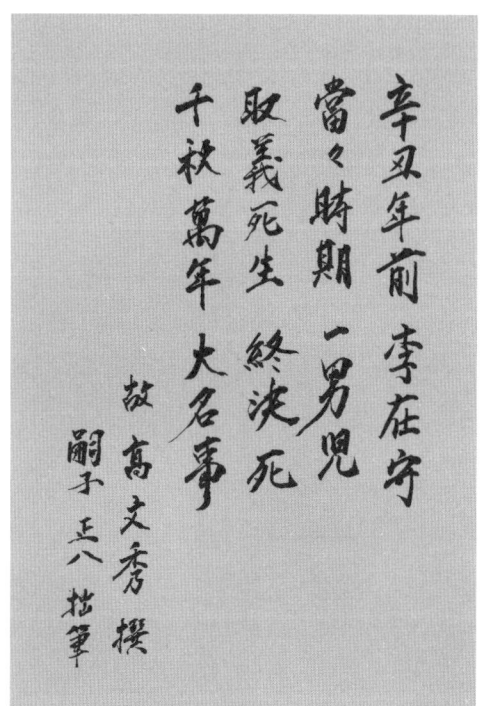

"신축년에 이재수가 / 당당한 시기에 한 사나이로서 / 옳은 일로 일생을 마쳤으니 / 천만 년에 큰 이름을 남기도다." 고정자 어르신의 부친, 고문수 씨가 이재수 난을 소재로 지은 한시 〈신축년에〉, 글은 남동생 고정팔 씨가 썼다.

버지가 서당 선생질도 하고 그랬어. 아버진 문중 족보 같은 것도 당신 손으로 직접 쓸 정도로 한문을 잘했거든. 족보 만들 땐 친족들이 우리 집에 등사판까지 가지고 와서 직접 등사하면서 만들었다니까. 그렇게 한문을 잘하는 어른이었는데도 우리 4남매는 아버지한테 글 한 번 배워보질 못했어. 아버지가 집에 앉질 않으니까 글은 커녕, 남들처럼 아버지한테 어리광 한 번 부려본 기억도 없지 뭐.

우리 아버지는 자식들한테 욕도 잘 안 하고 말 한마디로 버릇을 가르치는 어른이었어. 아버지가 눈을 번쩍 뜨면서 "이 자식!" 한마디만 하면, 우리한테는 그게 천욕(千辱)이고 만욕(萬辱)이었거든. 아버지 말 한마디에 벌벌벌 떨었으니까. 확! 한 대 후리지도(때리지도) 않고 잘못한 게 있으면 "이 자식!" 한마디 뿐이야. 그 한마디가 매고, 욕이었어.

그런 우리 아버지를 동네 사람들은 '고 서장'이라고 불렀어. 옛날엔 한문 좀 읽는 사람들을 '서장'이라고 했나 봐. 아버지를 '고 서장'이라고 부르다가 그다음에는 '고 서기'라고 불러. 아마도 마을 사무를 보니까 '서기'라고 불렀던 거 같아. 이제 같으면 읍 직원인 셈이지. 안성리에 O구장이라는 사람이 일자 무식자였어. 하지만 일본놈 시절에는 제한이 없었거든. 여덟 해를 구장으로 다녀도 제한이 없었어. 본인 하고픈 대로 다 한 거야. O구장이 그렇게 구장을 오래 할 수 있었던 것도 모두 우리 아버지가 사무를 싹 봐주니까, 우리 아버지가 서기 역할을 워낙 잘해주니까, 구장을 8년씩 해 먹었다고 말이 많았어.

참, 한번은 내가 제주시에 갈 일이 있어서 대정에서 버스를 탔는데, 하필 우리 아버지 제자가 같은 버스를 탔던 거야. 내 기억 속 아버지보다 곱절은 더 되어보이는 어르신이 물어.

"혹시, 고 서장님 딸이라?"
"네."
"아이고, 내가 우리 고 서장님 제자라서."

어르신 하시는 말씀이 우리 아버지가 연설을 아주 잘했다는 거야. 그것도 문투(문어체)로. 문투라면 사투리가 아닌 배운 말이잖아. 훌륭한 사람들 높은 사람들 연설하는 것처럼 우리 아버지도 그랬다며 한참을 얘기하는데, 아버지 말 듣다 보니 어느새 제주시 터미널에 도착했더라고.

"상사집 가온 비바리 써먹지 못한다!"
아버지는 당신이 직접 가르치진 못해도 어떻게든 자식들 공부는 시키려고만 했어. 어머니 돌아가신 후였을 거야. 아버지가 우리 아시(여동생)하고 오래비(남동생)를 국민학교에 입학을 시키더라고. 보성국민학교에. 그런데 할머니가 나서서 못하게 막는 거야.

"지집년 공부 시켱 뭣 헐 거냐(계집아이 공부 시켜서 뭣 할 거냐)!"

아이고! 우리 할머니! 할머니 때문에 나랑 언니는 학교 근처에도 가보질 못했거든. 그래도 우리 아시하고 오래비는 어떵어떵(어떻게 어떻게) 입학은 했는데, 여자아이 공부시킬 필요 없다고 할머니가 느시(막무가내로) 못하게 막는 통에 결국 우리 아시는 2학년 마치니까 학교를 나와버렸어. 우리 아시도 머리도 좀 괜찮고 학교에서도 남들한테 떨어지지 않을 정도로 공부를 곧잘 했는데, 3학년을 못 올라가고 그만둔 거야.

"상사집 가온 비바리 써먹지 못한다(향사집 갔다 온 처녀 써먹지 못한다)!"

할머니한테 귀가 따갑게 들었던 말이야. 상사집은 향사, 지금 같으면 마을회관이니까 여자가 밖에 나다니면 안 된다는 소리였지 뭐. 그땐 여자가 공부하는 걸 왜 그렇게 막았는지 모르겠어. 아무튼 할머니 때문에 학교 근처에도 못 가본 언니랑 나는 겨울 들어서 좀 한가해지니까 그 트멍(틈)에 야학을 조금 했어. 겨울 들면 석 달은 농사를 안 지으니까.

야학에 가다

일본놈 시절에 야학을 조금 댕겼어(다녔어). 한 겨울 정도. 두 겨울을 채우지 못한 채 해방이 됐거든. 해방된 후에도 야학은 있었지만 시국이 어지렁하니까 제대로 다니질 못했어. 아까 '상사집 가온 비바리' 얘기 했잖아. 야학은 그 상사집, 향사에서 했어. 야학에 가보면 향사집이 가득찰 정도로 아이들이 아주 많았어. 학교 못 한 아이들은 다 모였던 것 같아. 대부분 우리 닮은 여자 아이들이었지만, 가끔씩 학교 못한 남자 아이들도 있었어.

참, 야학도 국민학교 1학년, 2학년 하는 식으로 정(丁)반, 병(丙)반, 을(乙)반, 갑(甲)반, 이렇게 나눠서 했어. 정반은 제일 처음 간 사람들이 해당되고 그 다음은 병반, 그 다음은 을반, 맨 마지막이 갑반이야. 나는 처음 들어가고 뒷 해까지 두 해를 채 못 다녔으니까, 정반으로 들어가서 병반까지 밖에 못 갔어. 겨우 눈 튼 강생이(강아지) 정도였지 뭐. 그래도 우리 언니는 을반까지는 했는데…. 아마 지금 나보다 나이 많은 할망(할머니)들은 을반, 갑반까지도 다 했을 거야.

저녁밥을 먹고 향사에 가면, 하루 저녁에 3시간씩 야학을 했어. 한 시간은 일본 글을 배우고 한 시간은 우리 한글을 배우고, 또 한 시간은 산술(산수)을 배워. 그땐 완전 일본놈 세상이었으니까 글도 일본 글, 노래도 일본 노래, 1, 2, 3, 4, 산술도 일본 말로 배웠어. 이찌(いち), 니(に), 산(さん), 시(し), 이렇게 100까지, 아니 100 넘어서까지도 배웠는데 지금은 다 까먹었지 뭐.

한글은 처음 가면 'ㄱ, ㄴ, ㄷ, ㄹ…'을 배우다가, 그다음은 본문 열녁 줄을 써놓고 가로, 우로(위로), 알로(아래로), 그걸 막 익히는 거야. 'ㄱ, ㄴ, ㄷ, ㄹ…' 하다가 '가, 나, 다, 라…' 하다가 '가, 갸, 거, 겨…' 하다가 '나는, 너는…' 이런 식으로 말을 만드는 거야. 마지막에 받침법을 익히는 거지. 그렇게 우리말을 배웠어. 일주일에 한 번씩 토요일 저녁에는 선생들이 일주일 동안 배운 걸 물어보기도 했어. 일본 글, 한글 배운 거를 잘 외웠다가 질문에 대답을 해야 해. 완전 시험치는 식이야.

야학 선생은 마을 젊은 청년들이 맡아서 했는데 반이 여러 개니까, 가르치는 청년도 여러 명이었어. 대부분 우리 아버지 제자들, 우리 아버지한테 글 읽어난 청년들이야.

봄이 돼서 야학을 끝내게 되면 우린 공연도 했어. 보성, 인성, 안성 3개리 아이들이 다 모여서 노래도 부르고 무용도 하고 연극도 하고. 국민학교에서 하는 학예회랑 똑같은 거야. 나도 손에 머리에 꽃 달고 무용하면서 노래를 불렀던 기억이 나. 독창도 하고 합창도 했었는데, 지금은 무슨 노래를 불렀는지 다 잊어버렸지 뭐. 일본 노래를 불렀던 거 같은데…. 우리 학예회 할 때는 부모들도, 동네 아이들도, 어른 아이 할 거 없이 다 나와서 구경하고 그랬어.

"아버지 어디 갔냐!"

아버지가 서장을 해서 그런가? 우리 집엔 항상 아버지 제자들이며 마을 사람들이 늘 웅상웅상 모이곤 했어. 밤낮 사람이 끊이질 않던 집이었는데, 우리 어머니 돌아가시고 소상까지 치르고 난 다음부터였던 것 같아. 분위기가 시끌덤벙 하더니, 하루는 우리 아버지가 경찰서에 붙잡혀갔다는 거야. 아버지는 처음엔 서귀포경찰서로 잡혀갔는데, 나중엔 제주시(제주경찰서)까지 넘어갔어. 그땐 우리 할아버지도 살아계실 때였지만, 우린 면회도 한번 못 가봤어. 그래도 다행히 우리 고칩(고씨 집안)의 궨당(친척)이 경찰 높은 직(職)에 있었던 모양이야.

"우리 도(島) 종손 형(刑) 받으면 안된다!"

고칩에서 손을 써서 아버지가 풀려났다는 말을 들었어. 고칩에서 우리 할아버지를 '도 종손, 도 종손' 이렇게 불렀었거든. 우리 할아버지가 고칩의 큰 가지에 큰아들쯤 됐던 거겠지.

제주경찰서에서 석방된 후 아버지는 어디 나다니지도 못한 채 집에만 붙어 있었어. 그런데 자꾸 순경들이 들락거리기 시작하는 거야. 4·3사건 시작은 집에 순경들이 찾아오는 거, 그것부터가 시작이었어.

"아버지 어디 갔냐?"

그땐 대정지서 직원, 순경들을 자꾸 골았던(갈았던) 것 같아. 한 달에 한 번사 골암신지, 두 번사 골암신지, 아무튼 보름에 한 번꼴로 지서 직원이 바뀐 것 같아. 지서에 순경이 새로 올 때마다 우리 집에 쳐들어와서는 수색을 하고 겁을 주는 거야. 그땐 이북 청년들이 순경을 많이 했거든. 우린 그놈들을 응원대라고 불렀어. 대정지서에도 응원대가 많았는데, 이북치(이북놈)들은 무서운 거 없이 잘도(정말) 악질로 놀았어.

"아이고, 사람으로 닭달 헴시민 그추룩사 헤져게. 개 도세기 잡듯이(아이고, 사람으로 취급해서 닭달을 하면 그렇게야 할 수 있겠어? 개 돼지 잡듯이)!"

밤낮없이 순경들이 찾아오니 하루도 ᄆᆞ슴(마음) 편안한 날이 없어. 그땐 동네 개들을 풀어놓고 기를 때쟎아. 정말 신기하게도 그놈들이 동네에 들어와 가면 개들이 먼저 아는 것 같아. 올레에서 개들이 쿵쿵 주겄다(짖었다) 하믄, 영락없이 그놈들이 들어왔거든. 총 메고 과짝하게(뻣뻣하게) 순경들이 우리 집 마당에 들어와 가면, 나는 벌써부터 다리뼈가 복삭해(다리에 힘이 빠져).

오늘은 살았구나! 내일은 죽었구나!
혹시나 아버지가 집에 숨어있는 건 아닌지…. 순경들이 집으로 쳐들어와서는 천장에 팡팡! 총을 쏘아 대면서 뒤웅박을 쳐대는 통에 우린 죽기 아니면 살기였어. '오늘은 살았구나!', '내일은 죽었구나!' 경허멍 살았덴 허난(그런 마음으로 살았다니까). 순경들은 아버지를 내놓으라고 겁을 주다 버치면(겁을 주는 것도 모자라), 언니랑 나를 지서로 잡아갔어. 그땐 대정지서가 안성 마을회관에 있었거든. 지금 안성 우체국 앞이야.

원래 대정지서는 보성리에 있었는데 보성리에 있던 지서가 불에 타버리니까 안성리로 이사를 갔던 거야. 보성리에 지서가 있을 때는 사람들이 잡혀가거나 죽는 일이 거의 없었어. 그런데 안성리로 이사간 다음부터는 대정지서 순경들이 잘도 악랄했어. 그놈들은 성제(형제)를 잡아가도 절대 같은 방에 두지도 않아. 또로또로(따로따로) 서로 다른 방에 가둬두면서 한 명씩 끄집어내서 문초(취조)를 하는 거야.

"뒤로 돌아서!"

그리곤 어깨에 탁! 총부리를 갖다 대.

"바른 말 안 하면 죽인다! 쏜다!"

철커덕! 총을 만지는 소리에도 바들바들 몸이 떨려. 바른 말이고 뭐고 아무 생각도 안 나. 그래도 어쩔 거야? 정신을 바짝 차리고 무조건 모른다고만 했어. 사람이 겁이 나면 자기도 모르게 어버버버 엄불리게(말을 분명하게 하지 못하게) 되어 있거든. 안 한 것도 했다. 이 사람도 했다. 저 사람도 했다. 이렇게 되는 거야. 그럼 다 죽는 거지. 이녁도 죽고 놈도 죽고(본인도 죽고 남도 죽고). 그땐 모른다고 버틴 사람만 살았거든. 물론 모른다고 하면 매 하나라도 더 맞게 돼 있어. 옛날은 맷법이 있을 때잖아. 지금이야 자기 자식도 함부로 때리지 못하지만 옛날은 매가 법이었으니까. 매 맞다 죽으라는 것처럼 뭇아대는(구타하는) 통에 형편없이 맞는 사람들이 많았어. 그래도 모른다고 해야만 살 수 있었어.

"아직은 어리니까 모를 수도 있다. 내어줘라(풀어줘라)!"

다행히 나는 하룻밤만에 풀려 나올 수 있었어. 내가 열일곱밖에 안 됐을 때니까, 그놈들 보기에도 어린 아이였을 거잖아. 하지만 언니는 3일이나 더 취조를 받아야 했어. 그때 우리 언니가 스무 살, 연령 상으로도 또 우린 어머니가 없다 보니 어머니 대신으로도, 맏이인 언니가 더 고통을 받았어. 언니가 어머니 책임까지 다 짊어진 거지.

"참…. 사난 살았주. 그추룩 허멍 살아지카 부덴을 헤서게? 죽어지카 부덴만 했주(참…. 사니까 살았지. 그렇게 하면서 살 수 있을 거라고 생각이나 했겠어? 죽을 걸로만 생각했지)."

도피자 가족은 무조건 전멸시켜라!

음력으로 시월 열아흐렛날(1948년 10월 19일)이 우리 집 제사였어. 회의 보러 나오라는 연락을 받고 갔다 온 언니가 제사 준비는 안 하고 드러(계속) 울기만 하는 거야.

"도피자 가족은 무조건 전멸시켜라!"

"옥추, 옥화, 순자, 연희, 임옥아, 모두 보고 싶다"
추석을 맞이하면서, 산방산을 배경으로 친구들과의 기념 촬영. 앞줄 왼쪽부터 이옥화(안성), 고정자, 송연희(인성), 뒷줄 왼쪽부터 구순자(안성), 송옥추(안성), 고임옥(안성)

계엄령이 내리니까 마을 회의를 소집해서 공포를 한 모양이야. 계엄령이 내리기 전에는 그렇게까지는 하지 않았는데, 계엄령이 내리니까 더 악독해지는 거지. 그 말을 듣고 안 울 수가 있겠어? 손녀딸은 눈물 바람인데도 할아버지는 마루에 앉아서 고기(적)만 써는 거야. 살 방도가 없으니까…. 어디로 도망을 갈 거야? 어디 도망갈 데는 있고? 도망가면 평생 숨어 살 수는 있고? 그냥 앉았다 죽는 수 밖에….

시국이 어지렁하니까(어수선하니까) 친족들도 제사 먹으레(보러) 오지도 못했어. 눈물 콧물 바람에 파제를 하고 언니는 올레 끝에 살고 계시는 넛할아버지 집에 제삿밥을 갖다 드린다고 나갔어. 그런데 화이모(철모) 쓴 군인들이 총에 칼을 꽂고 골목마다 잠복을 하고 있었나 봐. 넛할아버지 집엔 가보지도 못한 채, 무서워서 그냥 돌아왔더라고.

"누가 성(언니)이냐?"

뒷날 아침. 할아버지한테 낭 끊으러(나무 베러) 나오라는 호출이 왔어. 그땐 지서에 낭 끊어다 바치는 일이 자주 있었거든. 할아버지는 언제나처럼 허리에 톱까지 차고 나갔어. 예순한 살이라 그땐 우리 할아버지도 젊었지 뭐. 할아버지는 낭 끊으레 가고, 나는 전날 제사해 먹은 그릇들을 설거지하고 있으니까, 동네 젊은 남자 하나가 부름씨(심부름) 왔더라고. 언니랑 나를 데리러. 어디 명령이야! 아무 소리 못하고 따라 나갔어.

동헌터로 데리고 가는거야. 지금 보성초등학교 있는 바로 그 자리. 그땐 거기가 전부 밭이었거든. 보성, 인성, 안성, 구억, 신평까지 5개리 사람을 다 모아놨더라고. 어른 아이 할 것 없이 가득 모였으니 그 수가 족족할 거라(적을 거야)?

"고문수 딸들 나와!"

순경이 오더니 언니와 나를 불러내. 둘 다 앞으로 나갔어. 그땐 언니나 나나 키가 비슷했거든.

"누가 성(언니)이냐?"

순경이 묻는데 나는 겁이 나서 아무 말도 안 나와. 순간 언니가 내 손을 꼭 잡는 거야.

"제가 성(언니)입니다"

나는 동헌터에 남고 언니는 순경을 따라 홍살문 거리로 가야 했어.

언니와 할아버지의 죽음
(1948년 11월 20일 대정 동헌터 도피자 가족 학살사건)

웅상웅상 동헌터에 앉아 있으니, '착!착!착!착' 군인들 발소리가 들려. 군인들이 사람들을 끌고 들어오는 거야. 한 스무 명 쯤 됐을까? 낭 끊으러 나갔던 할아버지도, 홍살문 거리로 데려갔던 언니도 보여. 우리 앞에 일렬로 쭉 세워놓더니 이젠 군인들이 그 뒤에 과짝(곧게) 서는 거야. 해영헌 철모 광(하얀 철모를 쓰고) 총 들르곡(들고) 사람 한 명에 군인 하나씩 짝을 맞춰 서는데, 겁이 나서 볼 수가 없어. 눈 딱! 감고 고개 딱! 숙이고 땅만 쳐나보고 있었시.

"쉬익!"
"팡!팡!팡!팡!"

호각 소리가 울리자마자 곧바로 총 소리가 터지는 거야. 그리곤 끝이야. 캄캄이지 뭐. 할아버지랑 언니 시신 수습은 무슨 정신으로 해졌는지도 모르겠어. 괸당들이 가까이 살고 있어서 토롱(가매장)은 했는데, 피 묻은 옷이라도 벗겨 드렸는지 말았는지…. 영장은 살이 다 쳐진 후에, 한 3년쯤 지나서야 했어. 그런데 나중에 천리할 때 보니까 관이 있던 흔적이 하나도 없더라고. 영장할 때도 관 하나 짜지 못한 채 해진 것 같아. 우린 어렸고, 이런 거 저런 거 분시(물정)를 몰랐으니까.

오늘 죽어도 이상하지 않은 목숨

도피자 가족은 무조건 전멸시킨다는 말이 헛소문이 아니었어. 그날 동헌터에서 죽은 사람들이 모두 도피자 가족이었거든. 추사관 어르신(강문석)네도 어르신이 없으니까 부인이 대신 죽은 거고. 우리 언니랑 할아버지도 아버지 때문에 그렇게 된 거고. 아마 그때부터가 시작이었을 거야. 그전에는 사람들이 잡혀가고 매를 맞고 문초를 당해도 막무가내로 죽이진 않았거든. 그런데 동헌터에서, 우리가 보는 앞에서 사람들을 총살시킨 다음부터는 하나고 둘이고 그자 사람들을 밋밋(계속) 죽여가. 줄줄이 닥치는 양. 어제는 누구네 아방이 죽었다더라, 오늘은 누구네 어멍이 죽었다더라. 매일같이 도피자 가족이 죽었다는 소리만 들려오고…. 우린 아버지 간 곳을 모르니, 살았는지 죽었는지 행방을 모르니, 오늘 죽어도 이상하지 않은 목숨이 된 거야.

참, 그때 동헌터에서 살아난 사람이 있다는 소문이 파다했거든. 인명은 재천

〈대정 읍오리 해원상생굿〉 현장에서 4·3 당시 언니와 할아버지의 학살사건을 증언하고 있는 고장자 어르신 (2021.11.13.).

(在天)이라더니, 우리 인성리 사람도 한 명 살아나고, 보성리 사람은 두 명이나 살아났어. 아무래도 군인들도 처음이니까 우짝했던(서툴렀던) 거겠지? 호각을 불면서 곧바로 총을 쏜 게 아니고 '쉬익!' 하고 호각 소리가 끝난 다음에 '팡!팡!팡!팡!' 총을 쏘니까 호각 소리가 끝나자마자 '팍!팍!팍!팍!' 쓰러져버린 거 닮아. 총에 맞기 전에.

당연히 군인들 귀에도 소문이 들어갔을 거 아니? 그다음부터는 군인들이 사람 죽일 때 어떻게 했는지 알아? 사람을 죽여놓고 죽은 사람 몸을 막 뒤집으면서, 총을 쏩고 또 쏩고 몇 번씩 확인 사살까지 했어. 그런 미친 세상을 산 거야. 우린….

"무사 우리 거 가정 감수과!"

언니랑 할아버지가 돌아가신 후 부터는 마을 소집이 있을 때마다 내가 회의 보러 나가야 했어.

"도피자 가족 집은 몽땅 불 붙여라!"

도피자 가족을 죽이다 버치니까 이젠 도피자 가족 집은 몽땅 불 붙여 버린다는 거야. 이미 신평, 구억리는 소까이(소개) 시켜놓고 싹 불태워 버렸더라고. 그런 꼴을 보니까 우리 집도 금방 불태워 버릴 것만 같아. 어쩔 거야? 산 목숨은 살아야 하잖아. 곡식들을 곱져야(숨겨야) 했어. 우영팟(텃밭)에 깊게 땅을 파서 큰 왕대(대나무)를 담아놓고 나룩(쌀)을 묻었어. 그 위에는 감저줄(고구마줄)을 가져다 눌어(가려) 놓고. 그래도 남은 곡식은 조그만 허벅에 조금씩 담아서 퇴비막 소곱(안), 우영팟 담 트멍(틈) 할 것 없이 다 곱진 거야.

그런데 갑자기 축성 명령이 떨어졌어. 성담을 다와서(쌓아서) 보성, 인성, 안성까지 3개리를 모두 에워싸라는 거야. 성담을 다우려니 이젠 돌담이고 산담이고 눈에 보이는 돌은 몽땅 날라가야 하잖아. 하필 우리집 가(佳)로 성담을 쌓다 보니, 우리 집 올레랑 우영팟에 있는 돌들도 모두 빼가는 거야. 근데 참 야속한 게 뭔지 알아? 동네 사람들이 돌만 가져가는 게 아니라, 우리가 곱져둔 곡식까지 모두 가져가는 거야. 우영팟에 묻어둔 건 눌(가리) 눌어서 괜찮았는데, 퇴비막 소곱, 담 트멍에 곱진 건 마음대로 다 가져가 버리는 거야. 한마디 물어보지도 않고.

"무사 우리 거 가졍 감수과(왜 우리 것 가져 가세요)!"

눈 앞에서 곡식들을 가져가도 '왜 가져가냐!'는 말을 못했어. 우린 도피자 가족이었으니까. 언제 죽어도 이상하지 않은 목숨, 이미 죽은 목숨 취급을 받은 거야.

학련에 불려가다

보성, 인성, 안성 3개리를 빙 둘러서 성을 쌓으려고 하니, 아마 1년은 걸렸을 거야. 돌 하나하나 사람 손으로 날라 가고 사람 손으로 쌓았으니까. 돌담 쌓는 것도 아무나 못하잖아. 쟁이(장인)들이 따로 있고 우리 닮은 사람들은 돌을 날라 가기만 하는 거지. 아이고! 돌 날라 가는 것도 족족헌(쉬운) 일은 아니야. 지게를 만들어서 등짐 지듯 돌을 지어서 나르려면, 무겁기는 오죽 무거워! 등에서 돌을 내리다 발도 뭇아불고(찧어비리고) 손도 뭇아불고. 죽을 동 살 동 돌을 지어 나르고 집으로 돌아왔는데, 학생 단체에서 호출이 온 거야. 학련이라고 완장을 차고 다니는 학생 단체가 있었거든.

보성, 인성, 안성 3개리 학생들로 조직됐으니까 서로 얼굴도 다 아는 사이지만, 그게 무슨 소용이야. 도피자 가족이라고, 폭도 딸이라고 불러내는 거잖아. 바락! 겁이 나.

나를 가운데 세워놓고 학생들 열 몇 명이 삥 하게 둘러서더라고. 학생회장이 우리 동네 인성리 동부락 강OO이었는데, 그 아이가 손에 빠따(몽둥이)를 들고 있는 거야. 아마 회장부터 빠따를 때리면 다 돌아가면서 때리기로 했던 거 같아. 회장이 빠따를 휘두르려는 찰라, 우리 동네 현 구장 아들이 딱! 나타났어. 현OO라고 나이는 나보다 두 살이 많았지만 친구처럼 지내던 아이였거든. 현OO도 학련이었는데 처음엔 그 자리에 안 나왔더라고. 아마 무슨 일이 있을지 미리 알고 피해버린 것 같아. 그 꼴을 볼 수 없어서. 그래도 매 맞기 전에 현OO가 나타나서 회장한테 뭐라고 얘길 하니까, 모였던 학생들이 그냥 다 해산하는 거야. 아마도 '자식이 무슨 죄가 있냐!'는 식으로 얘기를 해준 거겠지. 그날 현OO 아니었으면, 나 진짜 복식(엄청) 맞을 뻔 했어.

아버지 시신을 찾을 수 있을까?

축성을 다니던 그 무렵 토벌대들은 마을 청년들을 모아서 특공대를 조직했어. 특공대를 앞세워 토벌을 다니니까 특공대를 통해 산에 소식도 들려오기 시작했어. 우리 아버지가 죽었다는 소식도. 하지만 어디서 죽었는지를 알 수가 있나? 시신을 찾아올 수가 있나? 할 수 있는 게 아무것도 없었지 뭐. 음력 3월 12일 아버지 제사를 지내라고 하니까, 그날 돌아가셨구나… 생각만 할 뿐.

옛날엔 부모님이 돌아가시면 집에서 상식(上食)을 올렸잖아. 매일 삼시 밥을. 언니랑 할아버지가 돌아가신 뒤 바로 상식을 올리기 시작했어. 그러다 언

4·3평화공원에 설치된 아버지 고문수의 행방불명인 표석

니는 죽은 혼사(사혼)를 하게 되니까 시댁으로 보내고, 아버지가 돌아가셨다는 소식을 들은 다음부터는 할아버지와 아버지 상식을 올리기 시작했어. 상식을 올리게 되면 방상(궨당)에서도 제사나 먹을 일이 있을 때 마다 꼭 술이랑 밥을 가져다 주거든. 그럴 땐 술도 한잔 같이 올려드리고….

내가 스무 살에 결혼해서 우리 큰아들을 낳고 두 살쯤 됐을 때 같아. 신평리 고○○이라는 분이 육지 형무소에서 돌아왔다는 소문이 들리더라고. 아기를 업고 신평리를 찾아갔어.

"우리 아버지 어디 묻혀 잇수과(묻혀있습니까)?"
"돌아가신 건 확실한데, 어디에 묻어신지는 모르쿠다(묻었는지는 모르겠습니다)."
"그럼, 우리 아버지 묻으러 갔던 방향만이라도 골아줍서(말해주세요)."
"모르쿠다. 그때 세 명이 묻으러 나갔는데, 나는 안 가와수다(안 갔다왔습니다). 그 세 명이 다 죽어부난 알 방도가 엇수다(알 수 있는 방법이 없습니다). 강○○이 묻은 디(곳)는 알아지겠는데…."

강○○이라는 분은 우리 아버지 제자였거든. 강○○씨는 한라산 돌오름 동카름에 있는 냇바위 근처에 묻혔다는 거야. 우리 아버지네랑 다 같이들 있었다니까, 우리 아버지도 돌오름 어느 자락에 묻혀 있는 거겠지. 시신이라도 찾을 수 있으면 좋겠지만, 이젠 너무 오래부난(오래 지나 버려서)….

제라한 출역! 한청 훈련을 받다

아이고! 출역은 무사 경 함광(왜 그렇게 많은지)! 그땐 '이레 오라 저레 오라!

이거 허라 저거 허라!' 시키는 게 잘도 많았어. 지서에 필요한 물자를 마을에서 모두 대줘야 했거든. 지서에서 장작을 가져오라고 하면 이장들이 반으로 나눠서 장작 출역을 시키는 거야. 그럼 남자 어른들이 목장에 가서 장작을 해다 바쳐야 해. 지서에서 이불을 만들어 오라고 하면 여자 어른들이 이불을 만들어다 바쳐야 했고. 매번 그런 식이었어. 지금처럼 하간 것이 흔헤시믄(모든 것이 구하기 쉬웠으면) 그런 고생은 안 했을 텐데! 하루하루 버티는 것도 힘들었는데 출역까지 하려니까, 아이고! 사는 게 사는 게 아니였주.

"한청 훈련 받으라!"

이젠 제라한(제대로 된) 출역이야. 여자 한청 훈련을 받아야 했어. 훈련은 보성국민학교 운동장에서 받았는데, 아마 한 해는 더 했을 거야. 한청 훈련은 군인들 (제식)훈련하는 꼭 그 식이야. 다만 총 없이 맨손으로 훈련을 받는 것만 달라. '앞으로 가!' '뒤로 가!' '우향 우!' '좌향 좌!' '3보 앞으로 가!' '6보 앞으로 가!' '36방면으로 가!' 주로 이런 훈련을 받았어. 만약 '6방면으로 가!'를 하게 되면 모여있는 사람들이 싹 갈라져서 6개 방향으로 열 지어 서는 거야. 숫자를 붙이는 대로 사람들이 '싹! 싹!' 갈라져서 줄지어 서는 훈련을 많이 했어. 솔직히 말로 하니까 훈련도 아닌 것 같지? 그런데 '앞으로 가!' '뒤로 가!' 이런 것도 시켜보면 못하는 사람 천지야. 군대식 훈련이니까 발을 딱!딱! 맞춰야 하잖아. '뒤로 돌아가!' 하면 오른쪽 방향으로 한 번에 '싹!' 돌아서야 하는데 빙빙 도는 사람, 왼쪽 방향으로 도는 사람, 가지가지야. '좌'도 모르고 '우'도 모르는 사람이 천지였다니까. 그럼 영락없이 기합이야. 한 사람이라도 잘못하면 전부가 기합으로 보성국민학교 운동장을 뛰어야 해.

나는 지금도 우리가 한청 훈련을 왜 받았는지는 모르겠어. 무슨 분시(물정)를 알아? 그땐 시국이 그럴 때니까 하라는 대로, 명령 대로만 살았지 뭐. 이렇게 하라면 이렇게 하고 저렇게 하라면 저렇게 하고. 감히 '싫다!' 소리를 못 할 때였으니까.

참, 우린 모슬포 알뜨르비행장, 막 널어진(넓은) 데까지 걸어가서 한청 대회도 했어. 보성, 인성, 안성 할 거 없이 대정면 각 마을마다 한청 훈련 받는 사람들이 다 모여서 시합을 하는 거야. 단체로 똑같은 옷을 입고 모이니까 솔직히 보기는 좋았어. 위에는 하얀 우와개(겉옷), 아래는 까만 바지, 벵그랑한(둥그런) 챙이 달린 하얀 모자를 학생들 모양으로 다 썼거든. 옷이랑 모자는 직접 만들어 입었지만, 그래도 폼이 났어.

남자 대용품! 방위대 훈련을 받다

한청 훈련을 다 마치니까 이젠 방위대 훈련을 받으라는 거야. 방위대는 결혼 안 한 여자들, 처녀들만 뽑아서 훈련을 시켰어. 보성, 인성, 안성, 신평, 구억까지 5개리 아이들이 다 모였는데, 인성리에서는 나까지 모두 4명이었고, 구억리는 2명 정도, 신평리랑 보성리가 좀 많았는데 모두 합쳐서 30명이야. 무슨 기준으로 뽑았는지는 모르지. 우리가 자원한 것도 아니고, 갑자기 방위대 훈련 받으라는 연락이 온 거니까.

시국이 잠잠해지니까 남자들은 군인으로 싹 나가버렸잖아. 학생이고 뭣이고 병신 아닌 사람은 다 몰아 가버리니까 마을에 쓸만한 남자가 없었어. 이젠 남자 대용으로 쓰겠다고 여자 방위대를 조직한 것 같아. 남자 대용품으로 쓰려고 남자 훈련을 시키는 거지.

방위대 훈련은 보성 향사에서 받았어. 보성 향사 사무실에서 먹고 자면서 훈

국민방위군 상비군 합숙훈련 기념(1951. 4. 5.)
맨 앞줄 왼쪽에서 두 번째가 고정자, 왼쪽에서 다섯 번째가 여군 입대를 준비했던 정순옥(보성), 오른쪽 첫 번째가 안성지서 주임, 두 번째 줄 왼쪽에서 세 번째가 여자 구대장 강춘방(신평), 맨 뒷줄 왼쪽 첫 번째가 남자 구대장 임찬현(보성), 왼쪽 두 번째가 여자 초대장 송신홍(신평), 오른쪽 첫 번째가 조교 강성옥(보성), 오른쪽 두 번째가 조교 문성순(구억), 오른쪽 세 번째가 남자 초대장 임영식(보성).

련을 받는 통에 끄딱을(움직이지를) 못 했어. 집에를 안 보내주더라고. 나무로 만든 목총을 들고 뛰면서 사격 연습도 하고, 총검술 훈련도 하고, 개머리판 치기도 하고, 진짜 군대 훈련을 다 받았어. 포복이라고 엎어져서 기어가는 거, 그런 훈련까지 다 했으니까.

한청 훈련은 마을 여자들이 미리 교육을 받고 와서 우리를 가르쳤는데, 방위대는 남자 넷, 여자 둘 모두 여섯 명이 훈련을 시켰어. 훈련 대장이 구대장이고, 그 아래가 초대장이야. 우린 남자 구대장, 여자 구대장, 남자 초대장, 여자 초대장 이렇게 불렀어. 그리고 조교는 남자만 두명이야. 남자 구대장은 임찬현, 초대장은 임영식이야. 구대장과 초대장 모두 보성리 출신으로 삼촌 조카 사이였어. 여자 구대장은 강춘방, 초대장은 송신홍, 둘 다 신평리 출신이었고, 조교는 보성리 출신 강성옥, 구억리 출신 문성순 두 명이었어.

우선 아침 5시가 되면 기상이야. 아침밥은 성담 보초 서는 여자들이 맡아서 해줬어. 군대식으로 배식을 주는 거지. 우리 방위대원들이 2열로 열 지어서 마주 보고 앉아 있으면, 우리 앞에 밥을 '탁! 탁!' 놔주더라고. 30명 배식이 다 끝나면 조교가 "식사 준비!" 신호를 줘. 그제서야 숟가락을 들 수 있어. 반찬이 어디 있어? 밥하고 국, 그거뿐이야. 국은 몸 뻘앙(모자반 빨아서) 소금 놓고 풀풀 끓인 거. 밥을 다 먹으면 이젠 훈련 받으러 나가야 해.

테역밧(잔디밭)에 데려다 놓고 이리 둥글렸다 저리 둥글렸다 그렇게 훈련을 한 바퀴 돌고 아침밥 먹은 걸 다 소화시킬 때쯤 향사로 들어오는 거야. 그럼 점심도 똑같이 먹어. 점심밥도 마을 여자들이 당번을 정해서 만들어주는 거야. 그럼 점심을 먹고 또 나가서 훈련을 받아. 춥진 않을 때여서, 저녁 5시쯤 되도 해가 높았어. 해가 높아도 5시가 되면 저녁밥을 먹어. 그리곤 저녁밥 먹은 거 소화시킨다고 또 나가서 훈련을 받는 거야. 군대에서 군인들 훈련받는 꼭 그 식이야. 아침 먹고 훈련, 점심 먹고 훈련, 저녁 먹고 훈련. 이제 저녁이 되면 일석점호를 해. 일석점호가 끝나면 9시가 넘거든. 그럼 취침이야. 하루가 지났어.

일석점호로 한글을 깨치고…

　방위대에서 뭐가 제일 힘들었는지 알아? 방위대는 훈련만 받는 게 아니야. 처음에 들어가니까, 정신 교육인지 뭔지, 학습만 시키는 거야. 그 학습이 제일 힘들었어.

　조교들이 칠판에 군인 장성급들 이름, 국방부 장관이며 국무총리며, 정일권 각하, 백선엽 장군 이런 걸 삭삭삭! 써 내려가. 그럼 우린 각자 공책에다 칠판에 써진 내용을 그대로 따라서 쓰는 거야. 어느 정도 우리가 다 쓴 것 같으면, 조교가 이 사람은 누구, 이 사람은 누구 이렇게 주욱 설명을 해줘. 여러 번도 아니야. 딱 한번 설명을 하고서는 칠판에 쓴 내용을 싹 지워버리는 거지. 그리곤 그날 저녁에 일석점호를 하는 거야. 칠판에 썼던 내용을 외웠는지 안 외웠는지.

　나는 학교 공부도 못 해보고, 한글만 겨우 깨친 정도였잖아. 조교들이 칠판에 쓴 것들이 무슨 말인지도 모른 채 무조건 외우는 거야. 내가 조금이라도 배운 게 있었으면 그게 그렇게까진 힘들지 않았을 텐데…. 국방부 장관이며, 육군 참모총장이며, 각하를 붙이면서 이름을 딱딱! 말해야 하거든. 죽으라고 외우려니 일석점호를 시작하면 입이 바싹바싹 말라. 조교가 빠따(몽둥이)를 들고 와서는 아무나 탁! 지명해서 물어보거든. 그럼 질문이 끝나기 무섭게 대답이 나와야 해. 우물쭈물 거리거나 제대로 대답하지 못하면 빠따로 콱! 박아부는 거지(때리는 거지). 나는 야학을 조금 다닌 정도니까 글을 알아져서게(알았겠어)? 그래도 일석점호에 걸리지 않으려면 부지런히 쓰고 외워야 했어. '내가 무사 여길 들어와져신고(내가 왜 여기에 들어왔을까)!' 얼마나 후회가 됐는지 몰라. 그러면서 글도 ᄒ끔(조금)은 깨우쳐 진 거 닮아(깨우친 거 같아). 내가 지금도 정일권, 그 이름 하나는 훤하게 알아져(정확하게 알 수 있어). 얼마나 외워댔으면.

사진 한 장 찍고 끝나버린 방위대

 잠잘 때도 일렬로 주욱 누워서 자고, 당번 정해서 불침번도 서고, 모든 게 군대식이잖아. 그나마 먹는 건 어떻어떻 상부에서 나왔던 거 같은데, 다른 건 아무것도 지원이 없었어. 잠잘 때 덮는 담요도 각자 집에서 가져다가 덮어야 했고, 훈련받을 때 입는 옷도 한청 때처럼 우리가 직접 만들어서 입었거든. 방위대 옷은 우알(위 아래) 모두 국방색으로 물들여서 군복처럼 만들었어. 모자까지 전부 국방색이야. 신발도 각자 가져다 신었고. 다른 지원을 못 해줄거면, 그럼 밥이라도 배불리 먹여줘야 하잖아. 사람이 한 번에 먹는 쌀 양이 2홉이야. 2홉이면 충분해. 그런데 쌀 양을 ᄒ끔(조금) 줄이고 ᄒ끔 줄이고 하더라고. 나중엔 우리가 1홉으로 먹어야 했어. 반을 줄인 거지. 1홉으로 먹게 되면 양이 부족해. 그래서 우린 훈련받는 내내 배가 고팠어.

 참, 같이 훈련받던 동기 중에 두 명이 진짜 여군으로 간다고 했었어. 보성리 정순옥, 임순자 두 친구가 여군에 입대한다고 해서 우린 송별회까지 다 해줬거든. 그런데 갑자기 휴전이 됐다는 거야. 전쟁이 끝나니까 그걸로 끝이지 뭐. 여군에 갈 필요도 없고, 우리도 더 이상 훈련받을 필요도 없고. 방위대도 사진 한 장 찍고 끝나버렸어.

어린 삼 남매와 사촌들. 앞줄 오른쪽이 여동생 고숙자, 뒷줄 오른쪽이 고정자, 가운데 교복 입은 소년이 남동생 고정팔.

부룽이로 공부시킨 오래비

 어머니, 아버지, 할아버지, 언니까지 다 죽어버리고, 방에 누운 할머니에 어린 두 동생만 남은 거야. 이젠 내가 소녀 가장이 됐어. 논밭이 있어도 농사지어 줄 사람이 아무도 없잖아. 그래도 산 입에 죽으라는 법은 없나 봐. 다행히 할아버지가 끌고 다니던 부룽이(부룩소, 작은 숫소) 하나가 남아 있었던 거야. 쉐(소)가 없는 사람들이 우리 부룽이를 빌어가서(빌려서) 자기네 밭을 갈고, 그다음엔 부룽이 빌려간 값으로 우리 밭을 갈아주는 거지. 집에 어른이 없으니까 그렇게 부룽이로 수눌면서(품앗이하면서) 농사를 지었어. 그러다 오래비가 고등학교에 입학할 때가 됐어. 그때만 해도 넛할아버지가 살아계실 때니까 찾아가서 의논을 드린 거야.

"정팔이 고등학교 시키젠 헴수다(시키려고 합니다)."
"어른들 이신 집도 못 시키는디 어떵 시키젠 헴시니! 못 헌다(어른들 있는 집도 못 시키는데 어떻게 시키려고 하냐! 못 시킨다)!"

 어른들 있는 집에서도 못 하는 일이라며 넛할아버지가 느시(막무가내로) 말리더라고. 그때 부룽이를 팔아서 써진 것 같아. 오래비 고등학교 시키려고 하니까. 그래도 고등학교라도 시켜놓으니, 우리 오래비는 자기 밥은 충분히 잘 먹고 잘살아. 아무래도 자기 복이 있는 거겠지.
 오래비 어렸을 때, 장손이고 귀한 거라고 할아버지가 겨우 말 곧는(말하는) 정도 된 어린 걸 당신 무릎에 앉혀서는 흙바닥에 물로 글자를 만들면서 한문을 가르치더라고. 댕기 달았을 때니까 아무래도 여섯 살도 채 안 됐을 때야. 할아버지, 아버지 모두 한문에 워낙 밝은 어른들이어서 우리 오래비도 그 영

향을 받은 것 같아. 비석 새기는 일을 직업으로 하더니, 혹시라도 사람들이 비문(碑文)을 잘못 내오잖아? 그러면 그냥 새겨주는 게 아니라 비문을 하나하나 다 고쳐서 새로 비문을 내주는 거야. 그 정도로 한문에 밝더라고 우리 동생도….

아버지가 사무 보던 그 집으로 시집 오다

내가 스무 살에 결혼을 했어. 그나마 방에 누운 할머니라도 있으니까 동생들을 맡겨두고 시집을 오게 된 거야. 여기(보성리) 시집을 오니까, 이 동네 하르방(할아버지)들이 그러더라고.

"나 너네 아방(아버지) 잘 안다."

어른들 아무도 없이 사는 고아 닮은 걸 며느리로 데리고 올 때는 다 이유가 있는 거잖아. 웬만하면 안 데려오려고 할 거잖아. 우리 아버지가 누군지, 어떤 사람인지 다 조사하고, 큰집안 맡아서 대소사 큰일 다 치루면서 사는 거 다 알아보고 그렇게 데려왔을 거 아니? 우리 시댁도 종손 집에 우리 남편은 3형제 중 장남이었으니까. 또 우리 시어머니가 보통 어멍(어머니)이 아니야. 우리 시댁에 고조 하르방이 조 훈장(조규진)이라고, 옛날에 훈장 중에서도 이름 높은 훈장이었다고 막 소문이 난 어른이었거든. 우리 할아버지도 조 훈장한테 글을 배웠다고 할 정도니까. 옛날에 법 없을 때는 그런 어른들이 곧 법이었거든. 어디 가도 조 훈장은 알아줬지. 그런 집에서 나를 택해서 데리고 왔다면, 우리 아버지 때문 아니겠어?

나보다 한 살이 더 많았던 남편(조병형)은 공부에 한이 맺힌 사람이었어. 우

호남지구 공비토벌(1950. 11. 1.)
대정중학교 2학년을 마치고 학도병으로 입대했던 남편.

리 남편이 보성국민학교를 1회로 졸업했더라고. 공부만 하고 싶어서 대정중학교로 진학을 했는데, 2학년 마치고 3학년으로 올라갈 때 군대 징집이 되버린 거야. 열일곱 살에. 열일곱 살이면 완전 애기잖아. 군대에서 찍은 사진 보니까 군복도 큰큰(크디큰), 모자도 큰큰, 총 들른 손은 ㅎ끌락(아주 작고). 아이고! 총이나 제대로 쏘아졌는지 모르겠어.

"이제랑(이제는) 고등학교 보내줍서!"

우리 남편! 3년 복무 마치고 제대 후에 집에 와서 하는 첫 말이 고등학교 보내 달라는 소리였데, 그런데 부모님이 ㄴ시(절대) 공부를 안시켜줬던 모양이야. 그러다 나랑 결혼하게 되니까 공부는 설러불었지(치워버렸지) 뭐.

"난 아들들 공부 꼭 시킬 거우다(시킬 겁니다)!"

고등학교 공부 못한 게 평생의 한이 됐는지, 술 한 잔 마시게 되면 시어머니 앞에서 계속 이 말뿐이야. 그렇게 아들 넷을 공부시킨 거야. 우린 아이들 결석도 한 번 안 시키면서 국민학교, 중학교, 고등학교까지 공부 시키고, 대학 공부에, ROTC(학생군사교육단)까지 보냈으니까.

"ㅎ나 조름에 다 담아 불민 다른 것들은 어떵 허느니(자식 한 명한테 다 쏟아버리면 다른 자식들은 어떻게 할 거냐)!"

그래도 조금만 더 넉넉했으면 좋았을걸…. 아들들은 공부에 한 맺히지 말라고 자식들 하겠다는 만큼 다 시켜주고 싶었지만, 먹고 살아야 하니까 맘대로 되지 않더라고. 그게 이젠 내 한이 되어버렸지 뭐.

참, 지금 내가 살고 있는 이 집 바로 뒤에 보성국민학교, 묵은 학교가 있었어. 우리 아버지가 보성국민학교 지을 때 3년 사무를 봤다고 했잖아. 바로 이 집에서 사무를 본 거야. 나중에 보니까 아버지가 사무실로 쓰던 곳으로 내가 시집을 와졌더라고. 그래도 이 집안하고 내가 인연은 인연이었던 거지.

꼬리표로 남은… 도피자 가족

나 열다섯 살에 어머니가 돌아가시고, 열일곱, 열여덟살에 4·3을 겪었잖아. 뭣을 알아게(무엇을 알겠어)? 그 나이에. 그자 아무것도 모르고 살당 보난 영 살아졌주(그저 아무것도 모르고 살다 보니 이렇게 살아진 거야). 캄캄허게 살당 보난 어떵사 살아져신지 몰라(캄캄하게 살다 보니 어떻게 살아졌는지 모르겠어).

시국이 끝나고 남은 건 오몽(거동) 못하는 할머니랑 어린 동생 둘. 그리고 '도피자 가족'이라는 꼬리표 뿐이야. 그땐 남들도 도피자 가족이었지만, 그래도 어른들이 있는 집은 그나마 괜찮았어. 하지만 우린 어른이 없으니까 기댈 데가 없는 거야. 이디(여기) 가도 외롭고 저디(저기) 가도 외롭고… 의지할 데 하나 없이 그렇게 살았지 뭐. 방상들은 하덴 해봐도 먹을 일만 하고, 큰일 쳐 나갈때라야 퀜당도 이신거주(친족들은 많다고 해봐야 챙겨봐야 할 일만 많고, 큰 일이라도 치러야 친족들도 모이는 거고)…. 하루하루 살아가는 거야 다 지만씩(자기만 씩) 아니?

"춤말로 질이 어시난 혼 질로 걷고, 물이 어시난 혼 물 먹엉 살앗주(정말로 길이 없으니까 같은 길로 걷고, 물이 없으니까 같은 물 먹고 살았지)."

아버지가 사무 보던 집터로 시집와 평생을 살고 있는 고정자 어르신.

그땐 길이 두 개만 있어도 사람들이 우리가 다니는 길, 같은 길로는 안 다닐 것만 같았어. 못 물이 두 개만 있어도 우리가 떠먹는 물, 같은 물은 안 먹었을 것만 같았고. 도피자 가족 꼬리표가 질기게도 따라다니더라고. 그래도 원망은 없어. 누굴 원망할 거야? 먼저 죽은 어머닐 원망할 거야? 시신도 못 찾은 아버질 원망할 거야? 도피자 가족하고 가까이 지내면 혹시라도 조금이라도 피해가 갈 까봐 겁이 났을 마을 사람들을 원망할거야? 도피자 가족으로 남아버린 꼬리표 탓을 누구한테 할 수 있겠어? 도피자 가족은 죽은 목숨이었던 그런 미친 세상을 살았는데…. 다 살젠 헌 거를(살려고 한 것을)… 나 서운하다고 탓할 수가 있나.

〈구술 채록·정리 조정희〉